KATIA ELI PEREIRA
JOÃO FERNANDES DA SILVA JUNIOR

Por el Espíritu
CESARIO

SIEMPRE TE AMARÉ

Traducción al Español:
J.Thomas Saldias, MSc.
Lima, Perú, Abril, 2024

Título Original en Portugués:

"Sempre te amaréi"

© Katia Eli Pereira y João Fernandes da Silva Junior – 2015

Traducido al Español de la 1ra Edición Portuguesa

Houston, Texas, USA

E-mail: contact@worldspiritistinstitute.org

Del Traductor

Jesus Thomas Saldias, MSc., nació en Trujillo, Perú.

Desde los años 80's conoció la doctrina espírita gracias a su estadía en Brasil donde tuvo oportunidad de interactuar a través de médiums con el Dr. Napoleón Rodriguez Laureano, quien se convirtió en su mentor y guía espiritual.

Posteriormente se mudó al Estado de Texas, en los Estados Unidos y se graduó en la carrera de Zootecnia en la Universidad de Texas A&M. Obtuvo también su Maestría en Ciencias de Fauna Silvestre siguiendo sus estudios de Doctorado en la misma universidad.

Terminada su carrera académica, estableció la empresa *Global Specialized Consultants LLC* a través de la cual promovió el Uso Sostenible de Recursos Naturales a través de Latino América y luego fue partícipe de la formación del **World Spiritist Institute**, registrado en el Estado de Texas como una ONG sin fines de lucro con la finalidad de promover la divulgación de la doctrina espírita.

Actualmente se encuentra trabajando desde Perú en la traducción de libros de varios médiums y espíritus del portugués al español, habiendo traducido más de 310 títulos, así como conduciendo el programa "La Hora de los Espíritus."

Índice

ALGUNAS PALABRAS..7
PRESENTACIÓN 8
PRÓLOGO..10
Capítulo I..16
    RESUMEN DE LA SEGUNDA GUERRA MUNDIAL..............16
Capítulo II...26
    DÍAS TRANQUILOS...26
Capítulo III..32
    LA HISTORIA DE BERTHA...32
Capítulo IV..42
    LAS VÍCTIMAS DEL ODIO...42
Capítulo V...49
    RUDOLPH EN TREBLINKA..49
Capítulo VI..56
    LA LLEGADA DE HANNA..56
Capítulo VII...68
    LOGRO DEL AMOR...68
Capítulo VIII..81
    ENTRE EL CIELO Y EL INFIERNO......................................81
Capítulo IX..88
    EL TRISTE ADIÓS..88
Capítulo X...96
    LA ESCAPE DE HANNA..96
Capítulo XI..101
    EL ÁNGEL DE HAMBURGO...101
Capítulo XII..109

A MUERTE COMO UN TRAIDOR..109
Capítulo XIII..114
   EN EL ESCONDITE..114
Capítulo XIV..120
   EN EL MUNDO ESPIRITUAL.....................................120
Capítulo XV...126
   EL ESCAPE PARA RECOMENZAR...........................126
Capítulo XVI..132
   Y LA VIDA CONTINUA...132
Capítulo XVII...137
   BARRERAS ROTAS...137
Capítulo XVIII...143
   NOTICIAS DE LA GUERRA.......................................143
Capítulo XIX..149
   LA DIFÍCIL NOTICIA..149
   Capítulo XX..159
   EL DOLOR DE HANNA..159
Capítulo XXI..164
   EL DESPERTAR DE RUDOLPH.................................164
Capítulo XXII...173
   REVIVIENDO EL PASADO REMOTO.......................173
Capítulo XXIII...185
   ENCUENTROS Y RESPUESTAS.................................185
Capítulo XXIV...190
   VISITA AL PLANO FÍSICO...190
Capítulo XXV..195
   RECUERDOS REVELADORES..................................195

Capítulo XXVI 201
    CON NICOLAY 201
Capítulo XXVII 207
    CARA A CARA CON LA VERDAD 207
Capítulo XXVIII 212
    UN NUEVO AMANECER 212

ALGUNAS PALABRAS

Katia Eli Pereira recibió esta obra a través de la psicografía dictada por espíritu Cesario y también como inspiración. La médium también contó con la coautoría de João Fernandes da Silva Junior, quien contribuyó al contenido histórico y doctrinario.

PRESENTACIÓN

La obra que presentamos es un romance mediúmnico que cuenta la historia de un amor verdadero que venció las barreras de los prejuicios y fue sometido a grandes y duras pruebas, en un período sumamente convulso de la Historia del planeta Tierra.

El amor, sentimiento ampliamente explorado en todas sus formas e intensidad por autores que pretenden transmitir en sus escritos un mensaje altruista, depositando en ellos sus emociones más nobles. Amor vida, amor luz, amor rescatador, amor eterno. Hablar de tal sentimiento es, de hecho, para el escritor, muy gratificante e inspirador.

Fuente vital, esencia suprema que excita y estimula a todas las criaturas. Fuerza motriz que impulsa todos los corazones y que ilumina a todos los seres. Amor, solo amor...

Adormecido por esta verdad y guiado a veces por la inspiración, a veces por la psicografía, nació en forma de novela esta apasionante obra, que inicialmente tuvo lugar en Europa, más precisamente en Alemania, durante la Segunda Guerra Mundial y, posteriormente, finalizó en Brasil.

El conflicto antes mencionado, con todos sus horrores y locuras humanas, sirvió de escenario, de telón de fondo para nuestros personajes. Sin embargo, no podía dejar de ser descrita, pues, siendo la dura realidad de aquella época, se convirtió en el elemento principal para el desenlace de la narrativa · que tuvo lugar en una sociedad que vivió la locura más cruel vivida por la Humanidad.

El racismo, el odio y la sed desmedida de poder exterminaron y, por qué no decirlo, devastaron a millones de seres sin importarles sus vidas. Cada una de las víctimas tiene una historia, un pasado y, sobre todo, muchos deseos de un futuro seguro y prometedor. Y, en esta creencia, vivieron y construyeron, soñaron y sintieron, caminaron y creyeron. Sí, creyeron y confiaron en todo lo que habían logrado y alcanzado hasta entonces. Sin embargo, un dictador guiado por una fuerza malévola y dominado por ideas perversas sugeridas por una legión de espíritus muy atrasados moralmente, permitió que las sugerencias emitidas dominaran su mente enferma, y a partir de ahí tomaran forma. Con este fin, no escatimó esfuerzos para seducir y engañar a una multitud fácilmente influenciable. Incrédulos e insatisfechos con la situación impuesta por el primer conflicto armado del que salieron derrotados, miles de europeos se convirtieron en títeres guiados por el ideal nazi de dominación del planeta.

Fue en este ambiente hostil y desolado donde vivieron Rudolph y Hanna, dos corazones apasionados, comprometidos a testimoniar el amor eterno, rescatando un rito pasado de ilusiones y errores.

El encuentro de estos jóvenes estuvo marcado por la necedad europea y, como resultado, nació instantáneamente un gran amor, rompiendo todas las barreras impuestas. Desajustes, dolor, incertidumbre y muchas emociones se detallan en cada página, además del conmovedor relato de un hombre que, por amor, llegó al extremo de sacrificarse: dar su propia vida por la mujer que amaba.

Recordamos aquí que los nombres de los personajes fueron cambiados para preservar sus identidades, así como algunos hechos que vivieron, tal como los describe el hermano Cesario, el espíritu amigo que trajo noticias del otro plano. La narración sobre el amor de los dos jóvenes, víctimas de la locura y la injusticia, sirve para enseñarnos lo importante que es aprender la Doctrina de los Espíritus, aun encarnados, para no promover malas influencias espirituales en nuestros días.

Los autores

PRÓLOGO

Rudolph von Günter, hijo del matrimonio Klaus y Gertrudis Günter. Como capitán de las SS durante la Segunda Guerra Mundial. Capitán Günter, así se le conocía.

Seducido por la hipnótica oratoria y las promesas de soberanía alemana anunciadas por Hitler, el muchacho empezó a cometer grandes errores. Y, según el propio Rudolph, solo tuvo un éxito: salvó la vida de la dulce Hanna, una joven judía de la que se enamoró perdidamente.

El sufrimiento experimentado no puede disminuir el amor ni la íntima conexión espiritual entre ellos. Y, para salvar la vida de su amada mujer, el capitán nazi no dudó ni un segundo. Tomó una medida drástica e irrevocable: renunció a sí mismo para verla protegida de las garras de unos hombres comandados por un loco.

Como resultado, Rudolph se despidió de la vida en la plenitud de su juventud y se encontró frente a la triste realidad, en el cruel vacío de su conciencia que lo llevó a atravesar regiones oscuras, amenazadoras; sin embargo, necesarias para una mejor comprensión del. camino recorrido anteriormente., así como recurre a recursos para equilibrarse emocionalmente y desarrollar condiciones para volver al camino correcto que hace mucho tiempo estuvo abandonado.

Tanto la soledad como el alejamiento prematuro de la vida lo asustaban. Con el paso del tiempo, aprendió a utilizar el importante sentimiento de gratitud a su favor hasta que fue rescatado y sacado de las zonas bajas. Ya más consciente, Rudolph se ganó el apoyo de varios hermanos y, encantado con todo lo que le enseñaron y con todos los que lo apoyaron en su diferente rutina, cambió profundamente. Reconoció lo mucho que había fallado en la última encarnación, cuyo sacrificio en nombre del amor verdadero fue su punto favorable.

A medida que se acercaba el momento que Hanna regresara al mundo espiritual, obtuvo permiso para recibirla. Para ello trabajó con humildad y estuvo a la altura del mérito de ir al encuentro de su amada, razón de toda su vida. Y en sus propias palabras:

"Mi delicada Hanna y yo hemos estado entrelazados desde la antigüedad. Sin ella no soy nada, me siento vacío, perdido. Y, precisamente para completar la parte que me falta, esperaré la llegada de la que es la dama absoluta de mi corazón..."

Este libro cuenta la historia del amor entre dos jóvenes europeos, víctimas de la Segunda Guerra Mundial; dos almas interconectadas a través del tiempo, edades infinitas. Una conexión que trasciende límites, horizontes, destinos. Dos espíritus comprometidos que se buscan y encuentran, siempre sujetos a la ley de la reencarnación. En el trabajo, Rudolph se despide de los errores y desgracias ocasionados en años de errores durante la última temporada terrenal. Vaciando el espíritu de creencias erróneas, cruza las fronteras más íntimas en el camino de la redención, recorriéndolo por vías amplias y seguras.

Avancemos hasta el momento en que Rudolph se encarnó, el hermano Cesario describe el momento del sacrificio supremo en favor de su amada mujer:

La lista de los trasladados del campo de concentración incluía el nombre de Hanna Yochannan. Por un descuido, fue encontrado por uno de los soldados. La carta, comparada con otras, fue reconocida. La autoría y la responsabilidad de la fuga del prisionero cayeron como una bomba sobre el capitán Günter. Un giro inesperado en la mente del ejército nazi puso fin al futuro deseado.

Hanna y, a partir de ese día, su destino quedó sellado. El comandante Kurt fue llamado a la presencia para proporcionar aclaraciones, consideró mejor responder inmediatamente. Sin embargo, no sabía que lo arrestarían inmediatamente después del interrogatorio.

- Capitán, ¿cómo explica esta lista de diez nombres de prisioneros trasladados que escaparon del campo? ¡No intentes convencerme que no tuviste nada que ver con la evasión de los judíos!

El comandante sostuvo el papel, previamente doblado cuidadosamente, y con expresión pesada avanzó hacia Rudolph.

- Me sugirieron el nombre de su "amante judía." Me informaron que no se encuentra en el alojamiento. De hecho, ninguno de los de esta lista llegó a su destino programado y, como no podrían haberse evaporado en el aire, ¡concluyo que escaparon con tu ayuda!

Con los dientes apretados y los ojos brillando de odio, el poderoso comandante golpeó la mesa. Luego se enfrentó al acusado de manera amenazante.

- ¡No sé cómo explicar esto, comandante! Sé que es duro. Créame, pero estoy siendo víctima de algún complot...

Mintió descaradamente en un intento de desviar la atención y ganar tiempo para intentar alcanzar la pistola enfundada. Quería volarle los sesos a ese hombre arrogante. Respiró lenta y profundamente, ya que no podía perder el control de la complicada situación. Pero su corazón latía salvajemente, mientras sus pensamientos estaban desordenados. Una certeza le hizo repetirse: "¡Ah, si mis compatriotas pudieran percibir la verdad camuflada sobre esta guerra sin sentido, no se atreverían a faltarle el respeto a los judíos! ¡Pobres criaturas, víctimas del orgullo alemán!"

Adormecido por estos pensamientos, Rudolph se armó de valor y levantó su mano derecha hacia el arma. Liquidaría a Kurt en el siguiente segundo, pues sabía que su situación era grave y le sería difícil salir ileso. Lo único que quería era esperar el fin de esa matanza incontrolada y continuar en busca de su pareja. Sin embargo, ahora desenmascarado, sería acusado de traición y su fin era seguro. Nada más le importaba...

Uno de los soldados que presenció el interrogatorio se percató del intento. Antes de cualquier movimiento adicional violento por parte del acusado, apuntó con la ametralladora en dirección a Rudolph. Inmovilizado, se entregó humillado y luego fue detenido y señalado como traidor. El término utilizado para tales casos era: "alta traición" al acusado. Principios nazis. Fue el final para el apasionado oficial, el miedo era evidente. Su frente sudaba en exceso, viendo seguro su final; sin embargo, su ser más interno vibró de celebración al saber que su plan para liberar a Hanna había sido exitoso. A estas alturas, ella estaría lejos de esa pocilga...

Al día siguiente, una fría mañana en Polonia, el comandante Kurt, dejando aflorar su lado más cruel, decidió no llevar al acusado a juicio; sin embargo, tampoco se conformó con ejecutarlo sumariamente. Por eso, aunque ya no era la costumbre, optó por ahorcarlo, alimentando así sus propios delirios enfermizos. Ordenó a los *kapos* que prepararan la escena, mientras él hacía un último intento: útil izaría artimañas para averiguar el probable paradero del grupo de fugitivos.

- Eres un oficial condecorado. ¡Solo dime donde huyeron que puedo suspender su sentencia de muerte! - Mintió descaradamente.

La fría expresión del comandante mostraba su satisfacción al verlo morir, quién sabe; sin embargo, con su probada astucia obtendría una medalla más de manos del propio dictador.

- ¡No sé dónde están, señor! ¡Deberían haber llegado a su destino según la orden del Führer!

- ¡Capitán, capitán! ¡No estás tratando con un soldado cualquiera! He estado en el ejército por más de treinta y cinco años y te puedo asegurar que he visto muchos casos similares.

Haciendo gala de confianza, el acusado reafirmó su posición con inmensa indiferencia hacia aquel hombre envenenado por los discursos nazis. Creía que podría ganar más tiempo ya que no tendría que pasar por un consejo de guerra.

Así, quién sabe, revertiría su condición tan crítica. Alguien podría aparecer en cualquier momento, creyendo en su inocencia y lo libraría de las acusaciones.

- ¡Ya dije que no soy el autor de la evasión que hubo en el campo! ¡Nadie puede probar nada contra mí! - Se mantuvo categórico en su declaración.

- ¿Quieres garantizar que no eres un conspirador infiltrado en nuestro ejército?

- Con todo respeto señor, lo que usted dice es una tontería, ¡absurdo! ¡Vengo de una familia alemana y mi padre es amigo de nuestro Jefe de Estado!

- ¿Cómo te atreves a dirigirte a mí de esa manera? ¡Tu padre pudo haber sido amigo de nuestro Líder, lo que no te exime de ser un traidor a nuestra nación y a nuestros ideales!

En ese momento, Rudolph no pudo contener su rebelión ante la enfermiza sumisión del comandante.

- ¡Ideales en los que ya ni siquiera tú crees! Las ideas de la supremacía aria no son aceptadas en otros continentes. Los aliados se preparan para el ataque. ¡Lo sabemos mucho, comandante! - Respondió Rudolph sin miedo.

Kurt, un hombre débil y reprimido, necesitaba, cada minuto, demostrando su superioridad y no estaban solo los judíos que sufrieron sus excesos, sino todos los soldados que estaban bajo su mando.

Demostró el tono desafiante del oficial condenado a muerte.

- ¡Basta! - Gruñó salvajemente, luego golpeó con fuerza la mesa -. ¡Morirás como un traidor! En primer lugar, debes saber que, cueste lo que cueste, encontraré a tu amante semita y no escatimaré esfuerzos para verla destruida antes de enviarla al infierno. Ella tendrá una muerte digna de un judío... ¡La misma que tendrás ahora! - Aseguró el déspota.

La mirada de Rudolph lo fulminó. La aversión hacia aquella arrogante criatura era evidente, y no pudo evitar temer por el destino de Hanna si era capturada; sin embargo, creyendo que ya no corría peligro, se alegró de haberla sacado de ese lugar.

Momentos después, a punta de tres ametralladoras, lo llevaron al lugar de ejecución, ubicado frente a la judería ¡El escenario para la ejecución ya estaba preparado y era visible desde todos los ángulos El capitán vaciló. Un escalofrío recorrió todo su cuerpo. En ese último segundo tuvo la certeza que nunca volvería a ver a su ser amado, pues la sentencia de muerte era irrevocable. Lo único que le quedaba por hacer era amarla...

Momentos antes de la muerte, una sexta última frase fue murmurada y escuchada por los responsables de la ejecución:

- ¡Hanna mía, si tuviera mil vidas, te las daría todas, porque siempre te amaré!

Así terminó el viaje terrenal de un oficial nazi que, por la fuerza del amor verdadero, sucumbió ante el angustiado público...

Capítulo I
RESUMEN DE LA SEGUNDA GUERRA MUNDIAL

Rudolph von Günter nació en 1916 durante la Primera Guerra Mundial. El mismo año en que su abuelo, Otto Günter, moriría en combate defendiendo a Alemania, nación derrotada en ese conflicto. Creció escuchando a su padre contar las hazañas heroicas del capitán Otto; luces que lo inspiraron y animaron, desde muy joven, a seguir la carrera militar, contrariamente a sus deseos maternos. En este clima, los años pasaron, los años 30 terminaron sin Rud - como lo llamaban en la familia - cambió su decisión.

Gertrudis, la madre, era contraria al militarismo. Anticipando un triste desenlace, intentó por todos los medios eliminar las ideas que alimentaba su único hijo.

- Nunca he ocultado mi molestia con los asuntos militares entre tú y tu padre...

- Mamá, por favor, hemos hablado de esto tantas veces y me entristece mucho tu falta de comprensión – respondió Rud antes que pudiera completar el pensamiento que tanto la molestaba.

- ¿Cómo puedo entender que mi hijo tenga tantas ganas de alistarse en el ejército después de todo lo que vi en la guerra? No me pidan complacencia, porque fui testigo del caos; he conocido a madres, esposas y padres que sufren la pérdida de los suyos y ahora te veo a ti, Rud, deseando el mismo camino. Cuando en realidad sueño con verte terminar una buena universidad, quién sabe, convertirte en médico... - concluye Gertrudis con un largo suspiro.

- ¡Ese es tu sueño, mamá, pero no es el mío! Después, ¿quién puede asegurarnos que habrá otra guerra y que en ella moriré?

- ¡No hables así! ¡No sabes lo que dices, pero eres consciente del período de incertidumbre que atravesamos! - Concluyó la matriarca, ya cambiada por el fracaso del ataque.

No hubo argumentos que pudieran sacarlo del sueño que había tenido durante años. Fue su destino, el destino preparó el terreno para que él y muchos miles de jóvenes siguieran convencidos de la creencia implantada por el nazismo. Más aun en aquella época en la que casi toda Europa estaba gobernada por gobiernos totalitarios y con fuertes militares, y expansionistas.

En 1933, Adolf Hitler se convirtió en Canciller. Con él surgió el nazismo, iniciando persecución contra judíos, homosexuales, comunistas, opositores, protestantes, gitanos... Hitler calificó su ascenso y el proceso de expulsión de los judíos de la sociedad alemana de "revolución", garantizando que tal proceso de "higiene racial" sería el detonante del regreso de Alemania a los tiempos del gran Imperio. La bandera de la República fue sustituida por la de la esvástica del partido nazi.

Con intenciones de expandir el territorio alemán, utilizó el sentimiento nacionalista para lograr este fin. En Alemania se produjeron grandes cambios económicos cuando puso en práctica un amplio programa de intervencionismo económico. Fue el presagio de un nuevo conflicto armado. Por lo tanto, el ascenso del dictador al poder demostró claramente un período oscuro que tuvo lugar en Europa y en la Historia Moderna.

Derrotados en la Primera Guerra, los alemanes asumieron responsabilidades hacia los países victoriosos, de conformidad con el acuerdo de paz firmado en 1919 por las naciones europeas: conocido como "Tratado de Versalles" y posteriormente ratificado por la recién creada Liga de las Naciones (futura Naciones Unidas). Este acuerdo obligó a Alemania a cumplir con una serie de exigencias, limitando las acciones militares y políticas, llevándola al caos financiero con la obligación de pagar cuantiosas indemnizaciones a los países vencedores por los daños causados durante la guerra. Como consecuencia, estas intensas oposiciones dieron lugar a un sentimiento de venganza y revuelta entre la población del país. La absurda compensación enterró por completo la economía, ya sacudida por la guerra, y dio lugar a una fuerte crisis moral y económica. Todos estos hechos aparecieron como terreno fértil para el surgimiento y crecimiento del nazismo que llevó a Alemania a la Segunda Guerra Mundial.

De hecho, el deseo subjetivo de los europeos siempre ha sido ampliar el territorio, aumentar los dominios y controlando a las naciones vecinas, además de las diversas inversiones en América a lo largo del tiempo. La expansión territorial de César en Europa y Oriente Medio siempre fue vista como un modelo a copiar por los gobernantes de la época en ese continente.

Una serie de acontecimientos que precedieron al inicio del conflicto marcaron negativamente ese territorio, como, por ejemplo, la transformación de las universidades en instituciones educativas nazis. Y en varias ciudades alemanas se organizaron quemas en plazas públicas de libros que se consideraban opositores al nuevo régimen.

Durante el tiempo que duró el conflicto, Alemania, bajo el régimen nazi, construyó veinte mil campos de concentración, que fueron utilizados para distintos fines: trabajos forzados y también como lugar de exterminio de todos aquellos que eran considerados "inferiores" a la raza aria, además de los traidores y espías. Los oficiales nazis y de las SS (*Scharze Sonne*, sol negro) comenzaron a encarcelar a judíos alemanes y de otras nacionalidades en campos de concentración. La Policía Secreta del Estado, conocida como Gestapo, era despiadada y temida por todos.

En 1939 comenzó la Segunda Guerra Mundial con la invasión de Polonia. Fue una ocupación devastadora, porque aunque los polacos resistieron heroicamente, fueron brutalmente masacrados ante la abrumadora superioridad alemana.

La entonces Checoslovaquia también estuvo ocupada por las Fuerzas Armadas alemanas. Comenzaron los ataques, vuelos de la Fuerza Aérea Alemana. Los nazis llevaron a cabo arrestos masivos de judíos, obligándolos a realizar trabajos forzados en campos de concentración, cuando no todos fueron ejecutados e incluso utilizados como conejillos de indias humanos en experimentos médicos. Así, el loco sueño de poder de Hitler se estaba convirtiendo en una dura realidad. Pasaron los años y la realidad angustiosa en la porción europea del planeta seguía siendo nebulosa. El conflicto había adquirido proporciones gigantescas y extradimensionales. El Holocausto causó dolor a los espíritus más iluminados que, aturdidos, contemplaban cómo se desarrollaban los programas expiatorios que los encarnados cruzados. Mientras que en la Tierra, algunos hombres, involucrados con la ilusoria purificación de la raza, cometieron atrocidades contra sus semejantes, en cambio, muchos seres, en simpatía con tal iniquidad, se agruparon con el objetivo de liberar a los perseguidos que aun sobrevivían a los años de crueles sufrimientos.

La vida continuó en este terrible escenario para los miles de jóvenes alemanes que lucharon por la causa aria.

Pasó otro año y 1943 llegó sin esperanzas para muchos, pero principalmente para un grupo de oficiales descontentos (entre ellos, Rudolph - capitán de las SS) con las barbaridades cometidas por el dictador demente, cuyo deseo térmico era el de dominar el mundo a través de las prácticas más viles jamás vistas sobre la faz de la Tierra. A pesar de las derrotas consecutivas sufridas por el dictador alemán desde 1941, algunos atentados contra su vida no lograron detenerlo. Sin embargo, parecía que "algo sobrenaturalmente protegido." De hecho, fuerzas espirituales ocultas estaban detrás de todos los proyectos de aquel líder demente que quería ser un nuevo César. Todos los esfuerzos promovidos por un grupo de nazis descontentos que querían librar al mundo de los engaños de alguien completamente sin escrúpulos; sin embargo, fracasaron, y el lunático Hitler continuó al mando de su ejército de asesinos.

Rudolph cumplió su papel en la guerra, llegando incluso a ser coronado conde por el propio padre, aunque ya no creía en la necesidad de luchar contra los enemigos del nazismo. De hecho, las dudas comenzaron a rondar su pensamiento en los últimos meses, a raíz de las observaciones durante el tiempo que estuvo en primera línea de la guerra y conoció en profundidad las técnicas utilizadas contra los prisioneros en los campos de concentración.

Todas las acciones fueron calculadas y muchos intereses estuvieron en juego desde el principio. Rudolph se sintió utilizado y su sueño de infancia se había convertido en una horrible pesadilla de la que él era parte. Su implicación con el grupo de oficiales que intentaron exterminar a Hitler fue secreta porque estaban en contra de las prácticas degradantes cometidas en los campos de concentración. Una fuerza única, que ya no era silenciosa, estaba creciendo dentro del propio Reich. Este grupo era bastante reacio al salvajismo sin sentido contra seres humanos desafortunados, cuya raza era considerada la escoria de la sociedad aria, según el dictador y sus más acérrimos seguidores.

Rudolph llegó a ver ciertas verdades y, entre ellas, la gran diferencia entre morir luchando en una guerra y encarcelar a personas, torturarlas y luego matarlas sin un motivo, una razón que justificaría tal acto.

El cambio de opinión respecto al nazismo, provocado por el nieto de un héroe de guerra, se produjo tras su traslado al campo de concentración de Treblinka, en Polonia. Semejante hecho fue fruto de una petición de su padre, Klaus Günter, quien, a costa de muchos sobornos, logró que enviaran al hijo a un lugar alejado del enfrentamiento directo y donde solo se ocuparía de los servicios administrativos en el campo nazi.

Preocupado por las noticias de la guerra, Klaus temía por la muerte de su hijo, especialmente después de su participación en la "Batalla de Stalingrado", una operación militar llevada a cabo por los alemanes y sus aliados contra las fuerzas rusas en la antigua Unión Soviética. Considerada la batalla más grande y sangrienta de la historia y la segunda derrota a gran escala de la Alemania nazi, causó la muerte y heridas a alrededor de dos millones de soldados y civiles.

Klaus se dejó convencer por el miedo maternal y se hizo íntimo.

Estaba extremadamente agradecido que Rud hubiera salido ileso de la siniestra batalla, razón por la cual gastó una enorme cantidad de dinero como pago por el cambio de posición de su hijo.

Los esfuerzos paternos tuvieron éxito y, a mediados de marzo de 1943, el capitán Rudolph fue trasladado a Polonia para unirse al personal administrativo del campo de concentración de Treblinka.

Días antes de asumir su nuevo cargo, recibió permiso para visitar a su familia. Lleno de nostalgia partió rápidamente hacia Berlín, rumbo al añorado y acogedor hogar. Abrazar a sus padres y agradecerles por su compromiso de cambiar la situación que enfrentaba en el frente era todo lo que más deseaba. De todos los recuerdos que invadieron su mente, un tanto perturbada por los asombro de las batallas y muertes que presenció, los de su familia fueron como un bálsamo en aquellos momentos complicados. Sin embargo, los rasgos de la madre casi quedaron olvidados en el campo de batalla: reaparecieron con toda su fuerza en las horas previas a la reunión.

Rud recorrió los recuerdos almacenados de su infancia y el rostro de su ingenua madre, muy molesta por el gusto por la carrera militar ya latente en su hijo. Los sueños de aquella madre eran más ligeros, más prometedores y con un destino menos arriesgado. Pero, ante los modales decididos y el apoyo paterno de su hijo, Gertrudis se vio derrotada, aunque en su corazón albergaba una tenue esperanza de verlo interesarse en asistir a una universidad de cualquier tipo que le permitiera caminos diferentes en la vida futura. Pero llegaron tiempos de guerra que motivaron y aceleraron la entrada de Rudolph en una vida guerrera. Al igual que casi todas las madres en Alemania, expresó un inmenso terror y se alarmó por las noticias sobre los combates, que revelaban el escenario de destrucción hábilmente disfrazado para la mayoría de la población, especialmente para los padres de los jóvenes combatientes. Como la mayoría de las personas en ese país, sufrió con el corazón oprimido por las incertidumbres que la guerra implantó en la vida cotidiana de las personas, buscó en los momentos de soledad encontrar en la oración la fuerza y la fe perdidas ante la devastadora situación que se avecinaba, presintiendo algo dentro de sí le dijo que enfrentaría la mayor temporada de dolor. ¿Sería un sexto sentido femenino, una intuición materna o algún tipo de capacidad sensitiva que ha surgido y no se conoce?

Ajenos a la devastación en la ciudad y sus alrededores donde nació, lo conmovió recordar los muchos momentos que pasó con sus padres. Klaus Günter, un hombre duro y severo fascinado por el ideal nacional-social, buscó justicia contra los opositores a la nueva visión difundida por el dictador y sus seguidores. Comerciante de clase media en Berlín, era dueño de una cervecería, un lugar favorito de Rud desde su infancia, donde hizo muchos amigos influyentes, especialmente militares nazis, desde tiempos anteriores al inicio del conflicto. Como la abrumadora mayoría de los alemanes, Klaus odiaba a los judíos y estaba orgulloso que Rudolph fuera parte del ejército de Hitler, que buscaba tiempos de confrontación más "justos" para toda Alemania. Sin embargo, la nueva realidad tan soñada para la patria se había convertido en una pesadilla para muchos. Cada día aumentaban las aflicciones, aunque no podían revelarlas so pena de ser juzgados como enemigo traidor de los ideales hitlerianos. El sangriento escenario montado en toda Europa se mantuvo a costa de miles de vidas, de todas las creencias y nacionalidades, incluida la de los fieles seguidores de la alucinada y asesina oratoria.

La preocupación de su esposa por la seguridad de su único hijo, y el miedo de verlo morir en combate, presentaron fundamentos importantes, hasta el punto de contagiarlo por completo. El pánico también dominó a Klaus, conmoviéndolo. debido al miedo por las circunstancias actuales, no escatimó esfuerzos ni coraje para ver a su hijo sano y salvo.

Inmerso en sus pensamientos, Rudolph ni siquiera prestó atención al paisaje destruido a lo largo de todo el camino. Escombros por todas partes, claros signos de bombardeos aéreos aquí y allá, violencia y abuso, falta de control emocional y el nacimiento masivo de miles de monstruos dormidos que se revelaban crueles y sartoriales a través del uniforme y la esvástica que vestían, representando el orgulloso dominio. La ruina se extendía por todos lados y en cada cara encontrada en el recorrido realizado con cuidadosa lentitud en el Kubelwagen (un jeep alemán, que no era más que un adaptación del popular coche para uso militar).

Berlín, también golpeada por las consecuencias de la guerra, ya no era la misma de antes. Tan pronto como el jeep llegó a la ciudad, una triste escena devolvió al joven capitán a una cruda realidad: una señora de mediana edad lloraba, abrazada al cuerpo inerte de una joven, aun niña, vestida de uniforme, con las botas cubiertas de barro y abrazada a su rifle, era la visión de la expresión de dolor en aquella rostro de dama, al ver a la joven sucumbir ante un tonto ideal. Ambas ciudadanas alemanas, posiblemente madre e hija o abuela y nieta, ¡quién sabe! - pensó Rud - ¿cuántos adolescentes se unieron a esa guerra para morir por algo que ellos mismos no entendían?

Sin duda, la escena se había vuelto común en aquellas zonas y ya nadie se asustaba al ver a niñas y niños, aun en su mejor momento, llenos de vida, pero involucrados en una guerra sucia y vil. No era nada nuevo para él, pero ese día en particular, la escena le caló profundamente en el corazón: estaba cansado de presenciar el derramamiento de sangre.

Las preguntas llenaron su mente de miedo. Fue triste para el joven capitán, pues ya no le veía utilidad a tanta muerte y destrucción. Si el primer conflicto trajo consigo un período de dificultades económicas que redujeron el poder de acción del padre, sometiendo el deseo de una supremacía "justa" como se creía hasta entonces, esta segunda guerra, sin duda, arrastró al pueblo orgulloso, ya bastante humillado, hacia la autodestrucción. Lo peor de todo y sabiendo que Hitler fue el conductor de esa desgracia, el malvado y terrible director de la sinfonía mortal que nadie podía detener.

El fuerte roce de la mano del soldado que conducía el jeep militar sacó al capitán de las conjeturas que lo invadían. Se había superado la gran distancia entre la base militar y la dirección deseada. Rud apenas podía creer que estuviera de vuelta en casa, porque había estado fuera durante meses y, a menudo, en momentos tan críticos, imaginaba que era su fin.

La imagen de los momentos pasados en familia se dibujó en color, mientras que el suelo se pintó de rojo.

Fin del camino, hora de un reencuentro. El antiguo cartel con la inscripción "Cervecería Günter" estaba muy dañado, torcido y era casi ilegible. Sin embargo, la dirección era conocida en todo Berlín. Emocionado, Rudolph contuvo las lágrimas porque había aprendido desde pequeño que los hombres no lloran. Criado para ser fuerte e indiferente al sentimentalismo, aprendió a contener sus emociones más profundas, rasgos de carácter comunes a los europeos.

La puerta de la cervecería estaba cerrada, lo que indicaba que no había horario de apertura. Durante unos segundos, en su mente imágenes de los mejores años: el movimiento animado, las conversaciones, los cigarros encendidos inundando todo el interior de humo aromatizado y cerveza oscura, el producto más vendido del establecimiento. El ambiente interior poco luminoso se volvió algo lúgubre con las mesas y sillas de caoba, casi siempre ocupadas por hombres enigmáticos y temidos soldados, mientras él, todavía un niño, desfilaba entre mesas y botas de oficiales de la Primera Guerra Mundial.

Los muchos recuerdos de una época perdida en el pasado lejano fueron interrumpidos por el familiar crujido de la puerta de la casa que se ubicaba en lo alto del establecimiento comercial. Al cruzarlo vio a sus padres, más envolventes herido y sufrido en relación con la última vez que estuvo allí para visitarlos. Parecían más oscuros y endurecidos, aunque lágrimas de alegría brotaron de los ojos de Gertrudis en cuanto vio a su hijo. Abrumada por la emoción, sin esperar más, corrió hacia el ansiado abrazo. De hecho, la guerra del hombre alienado fue lanzada contra su propio pueblo. Ahora Rudolph lo sabía. Pudo ver desde otra perspectiva, más allá de las apariencias. Ningún sueño como ese, revelado en una retórica larga y convincente, podría realizarse sin privaciones, dolor y sufrimiento.

El fuerte abrazo, aun cálido, provocó una inmensa ternura en el capitán acostumbrado a los horrores de los enfrentamientos vividos. Durante unos minutos, la madre sostuvo el rostro de su hijo entre sus manos para poder arreglarlo mejor y asegurarse que todo estuviera bien para él. Madre e hijo lloraron mucho, entre abrazos y besos, hasta que Klaus, más comedido, se unió a ellos. La familia Günter estaba junta una vez más, y no importaba cuánto tiempo o si habría otra oportunidad, porque ese momento fue mágico y eterno.

El silencio fue roto por el padre. Con palabras ahogadas por la emoción invitó:

- ¡Entremos, hijo mío! Es peligroso para nosotros quedarnos aquí afuera... - añadió, bajando el volumen de su voz.

-¡Padre tiene razón! Pasemos, debes estar muy cansado por el viaje...- concluyó Gertrudis, ahora más refrescada.

La puerta volvió a cerrarse manteniéndolos juntos por unos días, hasta que se abrió nuevamente para despedirse.

Capítulo II
DÍAS TRANQUILOS

La seguridad del hogar, aunque bastante frágil debido a la situación que acaparaba toda Europa, dejó al capitán más relajado durante esos días de visita. Casi había olvidado lo hermoso que era el consuelo que podían proporcionar las cosas pequeñas y que nunca fueron valoradas antes que comenzara el gran conflicto. La cómoda y fragante cama y el baño caliente, a pesar de la falta de agua, refrescaban el cuerpo agotado por tantas penurias. La comida era fresca, aunque escasa, recordando los mejores aromas de un pasado feliz.

Los pequeños gestos amorosos de su madre, combinados con la fuerte presencia paterna hacía que Rud se sintiera protegido de cualquier peligro. Sin embargo, las condiciones económicas de la familia ya no fueron las mismas luego que su padre tuvo que utilizar todos sus ahorros para trasladarlo a un campo de concentración, dejándolo definitivamente lejos del frente exterminador de aquella guerra de proporciones globales. Sería difícil y llevaría mucho tiempo reconstruir la antigua situación. Las consecuencias negativas de la ilusoria locura nazi envolvió al país sin ninguna preocupación. La población en general padecía el racionamiento, a diferencia de la alta sociedad alemana, partidaria de Hitler, que continuaba como si nada, ya que se patrocinaban bailes y fiestas con recursos robados a los prisioneros - principalmente judíos y gitanos - y la bebida corría libremente. En la mesa de la "élite" no faltaban canapés y caviar, mientras el resto de la población padecía los horrores de la guerra, el hambre, el frío, el desempleo y las enfermedades.

Debido a su posición como oficial de las SS, Rudolph tenía algunos privilegios: cuando era posible, asistía a algunas fiestas en las que también era adulado. Pero fue en el campo de combate, lejos de cualquier consuelo, donde pudo darse cuenta de la magnitud de todo lo que la guerra estaba causando a los pueblos y a las demás naciones invadidas. Allí comenzó el despertar de Rud, confirmado al presenciar las privaciones forzosas que enfrentaron sus padres por convertirse en víctimas de los sobornos del militarismo nazi. Esa realidad necesitaba llegar a su fin, y la única esperanza era que el grupo de oficiales descontentos, al que se había sumado, pudiera triunfar en el próximo ataque ya planeado contra el lunático dictador. Por el momento, lo que podía hacer en beneficio de su conciencia atormentada era agradecer a sus padres por su esfuerzo extremo para mantenerlo a salvo y con vida.

Klaus estaba sentado en el sofá del salón junto a la radio, intentando escuchar nuevas noticias sobre la guerra, mientras Gertrudis preparaba una sopa ligera de patatas con algunas hojas verdes para servir en la cena.

Se acercó sin mostrar la amargura que tenía en el pecho. Ver esa triste foto familiar lo conmovió profundamente.

Al verlo acercarse, el patriarca apagó el dispositivo, interrumpiendo las ondas que llegaban un tanto distorsionadas. En ese momento, el joven aprovechó para abrir su corazón.

- ¿Te incomodo, papi?

- ¡De ninguna manera! Estaba buscando noticias sobre la guerra, olvidando que estás aquí y puedes transmitirlas más claramente – Klaus sonrió con cierta amargura.

- Las noticias actualizadas no nos llegan a los que estamos directamente involucrados diariamente. Pero ciertamente conocemos más verdades que la gente todavía engañada.

- Veo en tus ojos incredulidad, cansancio y desilusión, ¡eso una vez reflejó el orgullo ario! Esto me preocupa, aunque te entiendo, Rud, porque hoy comparto tus mismos sentimientos. Por lo tanto, yo, un acérrimo defensor de la causa, un creyente en los ideales que considerábamos "justos…"

- Muchos hoy se encuentran incrédulos, desmotivados, engañados. La expansión de nuestra supremacía se convirtió en una época de atrocidades y locura generalizada. Se induce a los niños a traicionar a sus padres, del mismo modo que se induce a la gente a denunciar a amigos, parientes, vecinos y enemigos, a todos aquellos que se declaran contra el régimen nazi. Y por eso, papi, que poco a poco comencé a comparar.

¡Compartir las ideas de los oficiales opositores con las prácticas degradantes cometidas en los campos de concentración, precisamente donde fui trasladado! - dijo Rudolph

Dentro del propio Reich estaba creciendo una fuerza que se oponía a los excesos de Hitler. Ya no son tímidos, aunque meticulosos, porque muchos se oponen a los ataques sin sentido contra seres humanos, considerados escoria, una casta desafortunada según el dictador.

Oficiales fueron fusilados y otros ahorcados por alta traición contra el ideal alemán, y éstas fueron las consecuencias para cualquiera que participara en cualquier esfuerzo por librar al mundo de los engaños de alguien completamente sin escrúpulos y sin sentido de humanidad. Klaus lo sabía y temía por su hijo.

- Me preocupa mucho tu implicación con este grupo de oposición. ¡Si te descubren, hijo mío serás considerado un traidor y pagarás como tal! Quizás esto no sea lo que sucede en el campo. Por lo que sabemos, son lugares de resocialización para judíos. Se trata de espacios construidos especialmente para ellos, separando a los arios de los judíos. La justicia empieza a existir, porque entonces dejarán de ocupar nuestros lugares en la sociedad. ¡No te involucres en nada peligroso Rud, te lo ruego! - Dijo su padre.

- Tómalo con calma. ¡Nuestras acciones son confidenciales y no pueden ser descubiertas! Sin embargo, papá, siendo parte del núcleo de ejecución de los ideales de Führer, te garantizo que los eventos dentro de los campos no son exactamente lo que anuncian.

La crueldad existe, incluso algunos dicen que muchos judíos desaparecen sin dejar rastro - aseguró el capitán.

- Me temo que, con todos nuestros esfuerzos por removerte del el frente, ¿te enviaremos a un lugar terrible que podría ser menos peligroso?

- ¡En una guerra no hay lugares menos peligrosos! Sin embargo, y por eso estoy aquí, quiero agradecerte y a mamá por el esfuerzo de sacarme de la primera línea, porque si permaneciera allí y sobreviviera, ciertamente me volvería loco. A pesar de saber por los informes presentados lo que realmente sucede dentro de los dominios de los campos nazis, solo trabajaré en el área administrativa, lo que me permitirá una cierta distancia y me protegerá de tales métodos - por impulso, Rudolph abraza a su padre, mostrando gratitud.

- No necesitas agradecer. ¡Lo que nos importa es verte a salvo hasta que termine la guerra y vuelvas a nuestro lado como siempre estuviste! - Gritó Klaus discretamente por la emoción del abrazo filial.

La conversación entre ellos duró un poco más y se extendió hasta la hora de comer. El oficial no estaba satisfecho al verlos pasar por momentos económicos difíciles. Sin embargo, Gertrudis, que se había unido a la conversación, trataba de tranquilizarlo, alegando que todos los amigos de su padre vivían en la misma situación, resignados al sacrificio. La escasa cena fue servida y no se comparaba ni remotamente con las antiguas delicias preparadas en otras ocasiones, aunque él la recibió como un festín, ya que hacía mucho tiempo que no disfrutaba de una comida familiar caliente.

Más tarde todos se retiraron, la habitación de Rudolph permaneció impecable, aunque su madre la había convertido en un santuario privado con varias fotografías suyas de todas las etapas de la vida de su única descendencia, repartidas por todas partes. Sintiéndose conmovido por el sufrimiento que le provocaba su ausencia, intentó conciliar el sueño alternando en su mente imágenes de la guerra y de los años pasados con su familia.

Teniendo en cuenta la dura batalla por todo Berlín, la noche fue serena, lo que permitió que el día transcurriera sin problemas.

Klaus se encontraba en la cervecería esperando la llegada de una pequeña cantidad de malta para elaborar la famosa cerveza, el producto escaseaba desde los primeros años de la guerra y solo podía obtenerlo a través del contrabando. Rudolph hablaba con su madre en la cocina mientras se preparaba el té. Se trataron muchos temas y en todas las preguntas que ella hacía, el joven intentaba ocultar ciertos detalles más picantes de las batallas a las que se había enfrentado. Así, las temáticas giraron más en torno a la vida cotidiana de los padres y a la última visita realizada a la tía Bertha: la única pariente más cercana que vivía en Hamburgo.

Sorprendido por las revelaciones sobre las acciones de su tía contra el nazismo, Rud por primera vez quedó muy admirado.

- ¡Tía Bertha es muy valiente! Enfrentando al ejército de Hitler, romper lazos patrióticos y transgredir todas las reglas impuestas, es un acto heroico – exclamó Rudolph, eufórico.

- Ella perdió la cabeza. Tu padre y yo tenemos mucho miedo por su futuro. ¿Dónde ha visto el sótano de su casa que albergaba a los parientes judíos de su difunto marido?

- En otros tiempos me horrorizaría y sería el primero en denunciarla, pero después de tantas injusticias cometidas contra los judíos, solo puedo admirar la audacia de la tía.

- No puedo imaginar qué podría pasarnos si la descubrieran. Según Klaus, todos seremos castigados por creer que encubrimos tales actitudes contra el Reich... - confesó Gertrudis.

- ¡Papá tiene razón! Todo cuidado es poco.

- Él ya intentó hacerla cambiar de actitud, pero fue en vano. Bertha es irreductible. Lo único que nos queda es rezar mucho.

- Y papá, ¿qué dice de los logros de tu única hermana? - Consciente del odio que su padre sentía por los judíos y ante la peligrosa situación de su tía, no pudo evitar ser indiscreto.

- ¡Él estaba muy enojado! ¡Él conjuró mucho más! Ya sabes, desde su matrimonio con ese judío, Klaus ya no la consideraba un miembro de la familia. Sin embargo, debido a las circunstancias actuales, lo único que más desea es la seguridad de todos nosotros.

- ¡Un día todo esto terminará! - Aseguró el joven capitán sin creer mucho en sus propias palabras.

- ¿Cuándo llegará ese día, hijo mío?

Capítulo III
LA HISTORIA DE BERTHA

Una vez quitado el velo que cubría la verdadera actividad que despertaba los intereses de su tía, Rud, todavía con la boca abierta, no sabía qué pensar. Más que coraje, se necesitaba audacia para enfrentarse a la Gestapo, administrada por las SS, cuyo objetivo era garantizar el dominio completo de la población por parte del Partido Nazi. Como policía política, era implacable en situaciones como la de Bertha, quien, si era descubierta, no se sentiría complacida y, de hecho, sería ejecutada.

El joven capitán temblaba de terror y solo imaginar que la seguridad de la familia estaba amenazada le provocaba intensos escalofríos, porque sabía exactamente lo que pasaría si la verdad saliera a la luz.

Si bien valoró la posición audaz de aquella mujer, que iba en contra de las ideas egoístas anunciadas por el nazismo, todavía le preocupaba aun más el futuro de todos los involucrados, especialmente sus padres quienes, inicialmente, no se mostraron receptivos y no se involucraron, pero sí estaban unidos por fuertes lazos de sangre.

Klaus Günter pertenecía a una familia tradicional alemana. Nació a finales del siglo XIX, hijo menor de una familia de cuatro hermanos, siendo Bertha la hija primogénita.

Rudolph formaba parte de la segunda generación y tenía poco contacto con sus tíos paternos, ya que dos de ellos se mudaron a Sudamérica cuando él todavía era un bebé, y la tía Bertha, envuelta en un pasado oscuro, siempre había sido excluida, lo que resultaba en poco contacto con el resto de la familia. Movido por la curiosidad, quiso desentrañar todos los misterios que cubrían los pasos de la única mujer descendiente de los Günter. Solo su padre pudo satisfacer la gigantesca tendencia investigadora que se le acercaba. Sin perder un minuto más, bajó al primer piso, donde se encontraba la cervecería.

La puerta se cerró y entró sin anunciarse. Un fuerte impacto dominó sus movimientos, y permaneció inmóvil por unos segundos, a dos pasos de la puerta de entrada, el breve período de inmovilidad pareció eterno, porque en su mente se reproducía una película hecha con muchos recuerdos. Constaba de escenas de los mejores momentos vividos en ese ambiente. Allí tuvo lugar una intensa metamorfosis. Un lugar que alguna vez estuvo lleno de hombres sedientos y solidarios ahora estaba completamente oscuro y vacío. Parecía un desierto sin fin, cuya causa sería exclusivamente la odiosa guerra que acabó con todas las posibilidades de vida de los alemanes de nacimiento, fueran judíos o no.

Klaus todavía esperaba la llegada del artículo que faltaba para la producción de la bebida típicamente alemana. En otros tiempos, condiciones difíciles que atravesaron toda Europa, diversos materias primas eran escasas o faltaban. Solo a través del contrabando y a precios exorbitantes se lograron conseguir. Pero todo indicaba que ni siquiera por medios turbios, el más conocido productor de Berlín recibiría la tan ansiada malta.

Rudolph lamentó verlo tan ansioso e incapaz de producir el líquido tan apreciado en los alrededores. La ociosidad afectó seriamente la salud del padre, quien se sentía orgulloso del nombre que construyó con su trabajo. Creencia en los ideales de Hitler; la purificación de la raza y la expansión territorial quedarían muy restringidas después del primer conflicto. Razones por las que les llevaron a la segunda, que, por cierto, ya llevaba cuatro años de duración y sin vislumbrarse su final. Se esperaba una cantidad de tiempo considerable para una pelea de esa magnitud; sin embargo, fue suficiente para toda la población que padecía escasez y racionamiento.

Sentado en una mesa, el fabricante parecía perdido en sus pensamientos o en buenos recuerdos de un pasado reciente. El hijo se acercó suavemente, tocó uno de los hombros de su padre, devolviéndolo a la realidad.

- ¡Mami dijo que te encontraría aquí! Al cruzar la puerta me di cuenta de cuánto tiempo había pasado desde la última vez - comenzó la conversación.

- Es verdad. En las pocas veces que nos visitaste, no viniste aquí. Pero ¿por qué vendrías, verdad? Las puertas se cerraron al público en el tercer mes de combate. Los oficiales, antes más asiduos debido a las obligaciones militares, huyeron a sus puestos. Los civiles pronto sintieron los efectos de la guerra en sus bolsillos y también desaparecieron. Aparece uno que otro. Solo quedamos las ratas y yo - concluyó sonriendo, en un intento de no transmitir su angustia a su hijo que ya tenía muchas.

- Vivimos tiempos desagradables. Para ser honesto, papá, el sueño que tenía desde pequeño de ser un soldado como el abuelo hoy ha sido reemplazado por el profundo deseo de ver el fin del conflicto y el regreso de la normalidad en la vida de todos.

- ¡Tu deseo es mío! Me sentí orgulloso de verte siguiendo los pasos de tu abuelo Otto. Sin embargo, ahora comprendo la inutilidad de la guerra "justa" para los alemanes. ¡Justa! ¿Qué podemos entender por justicia? ¡He pensado mucho en esto, hijo mío! Dime, por favor, qué entiendes por justicia.

La pregunta lo tomó por sorpresa. Sin entender realmente a qué se refería su padre, pensó unos segundos antes de responder. Quizás era el momento perfecto para abordarle sobre la ocupación de tía Bertha.

-Creo que la justicia es el compromiso que debemos tener en relación con los demás y nunca un privilegio inherente a determinadas clases, etnias o grupos. Este es mi concepto de justicia que se ha vuelto más clara con la experiencia que he tenido últimamente.

- Concepto nacido, aunque muy limitado a las leyes que rigen y organizan la sociedad, por lo que coincido en parte con tu visión. Porque he estado buscando una respuesta que vaya más allá de la vida que tenemos.

- No entiendo lo que quieres decir. ¡Por favor explícate mejor, papá!

- Estas son preguntas en las que he estado pensando excesivamente últimamente. Son ideas o definiciones que me vienen a la mente, no sé cómo explicarlas más claramente. Sin embargo, se ha convertido en una gran parte de mis días, ya que no tengo casi nada que hacer - explicó Klaus.

- ¿Y qué entiendes tú, según tales ideas o definiciones, ahora por justicia? - Rud, sorprendido, quiso escuchar a su padre, aunque, en el fondo, temía que se tratara de trastornos mentales derivados de una salud minada por la inactividad.

- Pensando en todo lo que ha sucedido en nuestro país desde el comienzo de la guerra, veo que el tema de la justicia, ampliamente publicitado por Führer, no es más que un medio para eludir su conciencia asesina y sus actos atroces. Engañándose a sí mismo, consigue, gracias a su poder de persuasión, engañar a las masas. Por tanto, la justicia deseada es confundirse con una sed de poder. Mirémoslo desde otra perspectiva, hijo mío, desde el lado religioso.

- ¡Mezclar religión, justicia y política no funciona, papá! - Dedujo Rudolph, confundido por el rumbo de la conversación.

- Aclararé el punto de vista que planteé.

Klaus entonces respiró hondo, ganando tiempo para organizar su línea de pensamiento, luego comenzó a hablar por intuición.

- Somos seres creados por Dios y llevamos escondida en nuestra alma una clara noción de justicia. Hablo de la justicia de Dios, un principio inmutable que gobierna nuestras vidas. Cuando faltamos el respeto a este principio y cometemos una injusticia, la víctima puede rebelarse con deseos de venganza, haciendo que de su núcleo fluyan las peores pasiones que lo transformarán en un demonio. En cambio, si resistimos, dejaremos la justicia a quienes nos crearon, sin perder la fe en su correcta aplicación. Aunque inconscientes, tenemos tales intuiciones, pero, todavía impulsados por los instintos, creemos que nada impide que los más fuertes opriman a los más débiles. Como resultado, cometimos innumerables inequidades y luego experimentamos revoluciones; locuras y decadencia del pueblo. Al igual que la guerra que vivimos hoy, por nuestra creencia errónea en el ajuste, nos hemos vuelto deshonestos y estamos siendo guiados por el peor y más perverso demonio que jamás haya existido: el sexto odio.

- ¡Lo que acabas de decir es conmovedor, papá! Nunca pensé de esta manera, de hecho, siempre he enarbolado la bandera del nazismo y ni siquiera sé por qué he cambiado tanto. De hecho, lo sé, vi varias muertes de muchos jóvenes como yo que creían en los ideales, los vi convertirse en asesinos, como me convertí yo, matando seres sin mayor motivo que su propia etnia.

- Yo también sería un asesino si estuviera allí. Ahora, no lo pienses más, porque estabas cumpliendo órdenes. Doy gracias a Dios por poder sacarte de ese infierno. Todo lo que necesitas hacer a partir de ahora es llenar el papeleo y ocuparte de la burocracia hasta que la guerra llegue a su fin. Prométeme que no te involucrarás con grupos de vigilantes y que solo harás lo que tu función administrativa te requiera - preguntó el padre, esperanzado por el futuro de su hijo.

- ¡Después de lo que escuché hoy sobre la justicia, te lo prometo, papi! Puedes estar tranquilo – aseguró sonriendo.

Las preguntas que cubrieron el alma de Klaus fueron fruto de la presencia de algunos hermanos espirituales muy cercanos a él y surgieron gracias a las oraciones realizadas por su esposa en favor de su hijo, de todos los soldados y de los perseguidos de la guerra.

Sin tener conocimientos específicos sobre la vida espiritual; sin embargo, siendo un participante activo del catolicismo, el cabeza de aquella pequeña familia fue, poco a poco, recibiendo intuitivamente ciertos conceptos espirituales que, cada vez más, promovían cambios íntimos. Tales cambios se hicieron visibles día a día, y aquel hombre orgulloso y lleno de prejuicios dio paso a una criatura transformada por el trabajo incesante del equipo espiritual que lo acompañaba.

Rud, aun muy apegado a la vida material, no había podido percibir el sutil cambio que se estaba produciendo en su padre, pero, sin duda, él también estaba siendo influenciado hasta el punto de despertar a ciertas verdades. Así, la actual visita al hogar fue organizada en gran medida por los desencarnados para que el oficial, ya cansado de las transgresiones dirigidas por el dictador, pudiera prepararse para las nuevas direcciones que se presentarían en los días venideros.

Aprovechando el ambiente más íntimo y agradable que se instaló entre ellos, Rudolph tocó el tema que le hizo buscarlo.

- Papá, una razón muy grave me trajo a tu presencia aquí; un...

-¿Asunto serio? ¿De qué se trata?

- Se trata de las actividades de la tía Bertha.

Cuando mencionó su nombre, Rud notó el cambio en el rostro de su padre. Aun así, inició el interrogatorio. Era vital que supiera la verdad, ya que todo el mundo corría grave riesgo a causa de ello.

- Estuve hablando con mi madre momentos antes y me enteré de la conexión de la tía con los judíos, temo por nosotros, porque sabes lo que podría pasar si la descubren, ¿no?

- Lo sé, hijo mío. Hace unos dos años, tu madre y yo viajamos a Hamburgo para visitarla. La experiencia no fue nada agradable, ya que la mansión servía de refugio a los judíos. Temerosos, Gertrudis y yo regresamos dos días después y hasta entonces permanecimos distantes de mi hermana. No queríamos que nos acusaran injustamente, sobre todo porque en aquel momento yo todavía no había cambiado de opinión sobre la guerra.

Klaus hizo una pausa antes de terminar.

- Hoy sé que el caso de tu tía encaja en lo que hablamos hace un momento...

- Todo, papi. Pero hay pocos cuidados. A la noción de justicia que predicas hoy no es la misma que la del nazismo, y esto podría costarnos la vida. Por eso estoy aquí, sentado a tu lado, para conocer la verdadera historia de la tía.

El hombre cansado asintió positivamente, mientras sus ojos se llenaron de lágrimas. Lo que antes para él parecía una afrenta, hoy fue visto como un acto heroico por parte de la única hermana. Se acomodó en la silla, se volvió hacia su hijo y comenzó la narración.

- Cuando pasó todo, yo todavía era un niño y no entendía muy bien lo que estaba pasando, y por mucho tiempo no supe la verdad hasta que un día, mamá me contó los detalles de nuestro drama familiar. Como sabes éramos cuatro hermanos y Bertha era la mayor. Dedicaba poco tiempo a estudiar, lo que provocaba que tuviera pocas letras. Su instrucción se limitó únicamente a saber leer, escribir y los fundamentos de las matemáticas. Porque los quehaceres de la casa y el compromiso de cuidar de mí, que en ese momento era un bebé, requerían mucho tiempo y dedicación.

Hizo una breve pausa debido al anhelo causado por los recuerdos del pasado.

- Mis otros hermanos, Ludvick y Gerald, eran jóvenes cuando partieron hacia Sudamérica, solo después de tres años recibimos las primeras informaciones que nos permitieron saber su paradero. Vivían en un país lejano de otro continente, más precisamente en el sur de Brasil, donde, según la última correspondencia, se establecieron, hicieron una pequeña fortuna en la agricultura y luego formaron una familia.

- Leí una carta del tío Ludvick, y por lo que se describió sobre Brasil creo que es un país muy hermoso, además de típico. ¡Un día quiero conocer a mis tíos y la tierra que los abrigó! - Dijo Rudolph.

- Sí, tal vez algún día nos encontraremos todos.

Pero regresando. Bertha, para tristeza de sus padres, no era religiosa y se preocupaba por no acompañarlos a las reuniones dominicales en la iglesia. Fue en una de estas ocasiones cuando conoció a Kaleb Golim, hijo de una familia judía que vivía en el barrio desde hacía unos meses. Kaleb fue la ruina de su tía y el fin de la paz familiar. Por ser una adolescente de rara belleza y diversos atributos físicos, revolvió la cabeza del judío, para desesperación de su padre, quien hizo todo lo posible para prohibir ese amor. Todo fue en vano, porque cuanto más eran reprimidos, más aumentaba la pasión de los jóvenes enamorados.

En este punto de la narración, Klaus mostró los primeros signos de emoción, necesitando unos minutos para recomponerse.

Rudolph sintió pena por el estado en el que se encontraba su padre al revivir los tristes recuerdos de su infancia. Respetuosamente permaneció en silencio, esperando que recuperara la serenidad y continuara con el relato.

- Bertha era muy atrevida, según palabras de su abuela, y ni siquiera la autoridad ejercida por nuestros padres pudo poner fin a aquel romance. El colmo de la desgracia de la familia culminó en la vergüenza instalada al enterarse del embarazo de su hija. Si hoy en día un hijo nacido fuera del matrimonio es motivo más que suficiente para destruir cualquier armonía familiar, ¿qué opinas de aquellos tiempos, hijo mío?

- ¿La tía tuvo un hijo? ¡Nunca tuve información sobre la existencia de este niño! - Exclamó Rud en medio del susto y sorpresa por la insólita revelación.

- Sí... No...

Klaus estaba bastante confundido por los dolorosos recuerdos y no encontraba las palabras exactas para explicar la situación que había vivido anteriormente.

- Bueno, tu tía quedó embarazada, pero el niño no nació... - otra pausa, ahora más corta -, lo que te voy a contar ahora es el mayor secreto familiar. Una mancha que nos dolía y realmente nos oprimía - frotándose constantemente las manos, mostrando nerviosismo -. La noticia sobre el estado de Bertha cayó como una bomba. Al día siguiente, papá viajó a otra ciudad, llevándose consigo a su única hija que nunca regresó, dejando un doloroso vacío en mi pequeño corazón de niño. Cuando le pregunté qué suerte había corrido, mis padres respondieron que había hecho sus votos y había ingresado en un convento ubicado en otra ciudad. Años después supe toda la historia y confieso que odiaba a mi padre por todo lo que le había hecho a mi hermana. Solo con el tiempo pude comprenderlo, incluso compartí su odio velado contra los judíos. Nunca podríamos admitir que nuestra sangre pura y aria estuviera mezclada con la de los sucios judíos. Para nosotros, el embarazo de Bertha nos redujo al nivel más bajo de la especie humana. ¡Qué terrible error!

-¿A qué error te refieres?

- Al sexto día, hijo mío. De este maldito sentimiento que ha actuado como descaro sobre nuestro pueblo. Una aversión tan profunda hacia otros seres que ni siquiera sabes dónde empezó.

Lo importante es saber, ¿verdad?

A esa altura, Klaus ya no albergaba la misma ira hacia los perseguidos.

- Bueno, ya conoces el resto de la historia.

- Respecto al destino del bebé que esperaba la tía. ¿Puedo saber qué pasó con este niño? – Quiso saber.

- Como te dije antes, él no nació. Nadie supo lo que pasó durante ese viaje. Papá regresó solo trayendo la extraña noticia de los votos de mi hermana, digo extraño porque ella era tan escéptica y de un momento a otro decidió hacerse monja. Debido a las presiones de mi madre, le confesó que dos días antes de dejarla encarcelada, buscó a una conocida partera de un pueblo lejano y pagó para que se llevara a la niña, en contra de los deseos de su hija, quien juró que nunca lo perdonaría por ese acto inhumano y cruel. Como consecuencia de la práctica anticristiana cometida contra una vida creada por Dios y en condiciones inseguras, la futura madre no pudo tener más hijos, y si no fuera por el cuidado de las hermanas del convento ubicado en la isla Chiemsee en Münich, Bertha habría muerto.

- ¿Y el judío Kaleb? ¿Qué le pasó?

- Estaba infeliz, pero juró rescatar a su amada. No descansó ni un día hasta que la encontró con la ayuda de un amigo en común. En posesión de la dirección proporcionada en secreto por mi madre, el judío ideó un plan para secuestrar a su novia poniéndolo en acción meses después. Aun se desconoce cómo escaparon. La noticia de la fuga llegó a través de la madre superiora. Papá al sentirse traicionado la consideró muerta y así seguimos viviendo con la nueva realidad. Cada uno trabajó para adorar el vacío a su manera. Mamá se volvió oscura, distante. Papi cada día más insultante; mientras que yo, sin entender nada, aprendí a vivir en ese ambiente pesado y crecí como hijo de la familia Günter en Alemania.

Capítulo IV
LAS VÍCTIMAS DEL ODIO

Vivir el pasado esa mañana fue una aflicción, como también lo fue despedirse de su hijo al día siguiente. La oportunidad de hacer tantas confidencias pareció un intercambio de experiencias diferente, lo que hizo que el momento divertido y llamativo para ambos. Exponer temas tan íntimos y difíciles lo hacía sentir mal, por lo que continuó la historia de su hermana quien, para él, en los últimos tiempos, se había convertido en un ejemplo de valentía en la lucha contra el mal instalado en ese país.

Para Rudolph, la ola de confianza y cercanía que había surgido entre él y su padre también sería importante para su futuro; futuro inesperado, para el cual se estaba preparando con aquella instructiva y útil conversación.

El patriarca tomó la palabra y continuó con su emotivo relato.

- Pasaron diez años y nadie hablaba de ella. Un día llegó una carta dirigida a mi madre que lloraba mucho al leer el contenido. Fue un familiar de Kaleb quien dio la noticia del regreso de la pareja a Alemania, después de la larga estancia en Polonia, de donde huyeron la noche en que Bertha se escapó del convento. Fue en Polonia donde hicieron fortuna. El judío trabajó como joyero hasta que regresó a Alemania en 1908 y compró una mansión en Hamburgo, donde Bertha vive hasta el día de hoy. Años más tarde, su marido salió a luchar, defendiendo como patriota el país en el que nació y murió en la Primera Guerra Mundial.

- Qué irónico, papá. Murió por el país que hoy esconde y mata a su gente... - añadió Rud.

- Sí. Kaleb murió aproximadamente un mes antes de la muerte de tu abuelo en el mismo conflicto. Los dos se marcharon sin tener la oportunidad de arreglar sus diferencias, dejando a Bertha huérfana y viuda casi al mismo tiempo.

Klaus suspiró profundamente, mientras temblaba en un intento de contener las lágrimas.

- Bertha vivía sola en aquella enorme mansión. Comenzó un nuevo conflicto y, para mi sorpresa, ella comenzó a brindar refugio a judíos perseguidos, a familiares de su marido o simplemente a extraños que estaban siendo azotados. Y, como me contó los días que la visité, gasta toda la fortuna que le dejó su marido en alimentarlos y, cuando tiene la oportunidad, en comprar documentos falsos para que los judíos huyan a otros países fuera de la zona de conflicto...

- ¡Y mucho coraje y desapego! - Citó el hijo orgulloso de los logros de su tía -. Pero aun persiste una pregunta: ¿cómo se las arreglan para ocultárselos a las SS? Conozco el trabajo de barrido que realiza la policía y puedo garantizar que ¡ni un alfiler quedará sin descubrir.

- Contra nuestra voluntad, y no hacemos nada para cambiar la situación, ni siquiera movimos una pajita para aliviar el sufrimiento de uno de los perseguidos - confesó Klaus, avergonzado. Y continuó:

- Ahora, satisfaciendo tu curiosidad, te diré dónde están retenidos los judíos. En el sótano de la mansión, Kaleb construyó un espacio para guardar joyas, dinero y toda la fortuna acumulada. La entrada tiene una pequeña abertura, hábilmente camuflada en el suelo de madera y metal y situada debajo del tercer escalón de la escalera. Quien llegue allí, aunque tenga el mayor talento investigador, no podrá encontrar ni una sola señal de la apertura.

- ¿Y cómo se libera la pequeña entrada entonces?

- ¡Asombroso! Con la ayuda de un imán dentro del colgante unido a una cadena de oro que Bertha tiene sujeta a su pecho. En él está el retrato de tu tío judío. Fue un regalo creado por el propio

Kaleb, un excelente joyero. La pieza fue construida con la función de resguardar el tesoro de la pareja y, actualmente, resguarda y salva vidas.

- Impresionante. ¡Ojalá pudiera ver esa ingeniería en persona!

- Nunca me habría enterado si no hubiera visto accidentalmente a Bertha activando el mecanismo. Me quedé boquiabierto cuando vi un imán tan pequeño levantando unos milímetros una abertura que daba acceso al escondite. Mirando más de cerca, pude ver que el material utilizado para tapar esa grieta era diferente al suelo, más ligero y resistente, aunque hay una enorme similitud entre ambos.

Rudolph se quedó sin palabras para ampliar el tema y quedó satisfecho. El deseo de comprobar cada detalle descrito era grande, pero se contentaba con dar rienda suelta a su imaginación. El tema quedó cerrado y ambos regresaron en silencio al piso superior donde los esperaba Gertrudis.

Los primeros signos que la guerra iniciada en Europa estaba perdiendo fuerza y credibilidad entre los pueblos que integraban el "Eje" eran evidentes. Muchos soldados de diversos rangos comenzaron a demostrar, además de cansancio, una falta de confianza en los ideales que inicialmente enardeció a las multitudes y levantó enormes ejércitos en busca de alcanzar los objetivos deseados. Los más audaces y crédulos en la supremacía aria se limitaron a los adolescentes, muchos de ellos todavía niños, que se unieron a la lucha para poder formar una legión de luchadores, hecho que apareció como un ataque a una juventud sin futuro garantizado.

Raros fueron los oficiales de mayor edad que se mantuvieron firmes en la confianza ilusoria y ciega en el creador de tal crueldad y, en consecuencia, en el Tercer Reich tan soñado en el período anterior al conflicto. A medida que Alemania avanzaba en la conquista de territorios ajenos, surgió una fuerza contraria con la esperanza de combatir los desvaríos del lunático dictador. Todo este esfuerzo de toma de conciencia, de arrepentimiento y de cambio del foco principal que los movía pertenecía a grupos de espíritus preparados, cuyo sentimiento humanitario era difundido por los diversos mecanismos mediúmnicos a su disposición. Y, usando su influencia en mentes similares incluso en el plano físico.

Fueron susceptibles a sugerencias favorables que, poco a poco, ganaron terreno y, cada vez más, socavaron los llamamientos bárbaros provenientes del manipulador de multitudes llamado Adolf Hitler. Entre estas mentes encontramos la de Klaus, receptivo a las primeras semillas de amor por los demás, luego Rudolph, que inconscientemente se disponía a recorrer el mismo camino y muchos otros ciudadanos que no se mencionan en esta trama.

El sentimiento que movió a los alemanes en la década del horror fue el más nocivo de todos: el odio a los judíos, seres rechazados desde la Edad Media en Europa, cuyo sentimiento nocivo se amplificó tras la derrota en la Primera Guerra, hecho que generó una situación; acción degradante en el suelo germinal único. Los principales acreedores eran los judíos. Por ello, fueron acusados de ser los responsables de la enorme humillación sufrida por Alemania, motivo más que suficiente para desencadenar la mayor masacre de la historia.

El odio, las cuestiones religiosas, la envidia, los resentimientos, tanto privados como colectivos, o incluso los mitos nazis creados en el periodo previo al conflicto armado y en todo el mundo se formó una lista de razones principales para dar lugar a una persecución intensa, duradera y homicida contra un pueblo señalado como responsable de varias desgracias acaecidas en ese pequeño perímetro terrestre. Sin embargo, la principal plataforma de Hitler era la recuperación del destruido honor alemán y no solo la caza de los judíos que él mismo enardeció, como creían y publicitaban en los cuatro rincones del mundo. Incluso porque hubo otros candidatos "perseguidos" y, hasta tal punto que bastaba con estar simplemente en contra de las declaraciones nazis.

Las cámaras de gas diseminadas por los campos nazis simbolizaron la materialización de la monstruosidad contenida en varios corazones involucrados con el tema. Estos fueron utilizados contra la gran población de judíos existente en ese territorio y que representaban la vergüenza del fracaso de los arios, ya que eran vanidosos y orgullosos, y no podían aceptar la superación de la raza judía en los diversos campos de acción, como en el intelectual, artístico, más allá de banqueros, empresas, universidades...

Mucho más que la responsabilidad por la muerte de Jesucristo, una culpa que pesaba sobre los judíos, estaba camuflada por el descontento personal de los compatriotas que, liberados de los pesados estigmas que llevaban los semitas, se creían superiores y, por tanto, no admitieron tanta facilidad para enriquecerse y destacarse en distintos ámbitos de la sociedad, como venía sucediendo. Hitler, aprovechando esta situación instalada y con Alemania empobrecida por la Primera Guerra, tomó el control del país como dictador, creó el Tercer Reich y alimentó su resentimiento contra los hebreos al responsabilizarlos por la pobreza de los alemanes. Convenció a la gente que eran codiciosos y explotadores. A su vez, los alemanes, cansados de ver sus riquezas en manos de los odiados semitas, apoyaron la instalación de las mayores atrocidades humanas...

El trabajo de los espíritus oscurecidos fue costoso, ya que trabajaron para derrocar tales creencias. Poco a poco fueron ganando terreno en las mentes más accesibles y en un aspecto difundieron la conciencia del gran mal que cometieron. E incluso la mayoría, al no encontrar el coraje para afrontar y cambiar la dura e injusta realidad, vibró íntimamente para poner fin a la gran carnicería. Tales vibraciones aparecieron como una palanca en medio del sangriento escenario.

Casi todos los judíos, raza descendiente de "Shem", que vivía en toda Europa, fueron exterminados sin piedad y con crueldad. Las familias desaparecieron de la noche a la mañana y durante el período de persecución permanecieron cautivas en sus hogares, privadas de la libertad inherente a todas las criaturas. Vivían en los guetos; sufrieron abandono; el hambre; la miseria; la falta de medicinas para los enfermos; es decir, múltiples privaciones, además de soportar los más innobles insultos y luego ser llevados a cárceles inhumanas, cuando no, fueron asesinados sumariamente.

Este cuadro esbozaba la vida cotidiana de los judíos durante la guerra, un lienzo oscuro, cuya pintura representaba todo el horror de la estación sin sentido, conocida como el Holocausto, que sacó del escenario terrestre a millones de criaturas de forma inhumana. La humanidad los ve como víctimas; sin embargo, sabemos que todos ellos, sin excepción, cumplieron gravísimos rescates de un pasado oscuro. Aun así, los sádicos no tenían derecho a cometer tales barbaridades contra la población judía, ya que tales actitudes perpetuaban la bestialidad humana, documentada, vista y revisitada en los inolvidables monumentos conmemorativos en los terrenos que alguna vez sirvieron como un sangriento escenario de muerte.

Las víctimas sucumbieron a la descarada arrogancia de personas homicidas, arrogantes y hostiles, cuyos actos agravaron enormemente sus condiciones espirituales y contradecían los hechos seculares. Pobres espíritus que no supieron aprovechar la oportunidad para aceptar las diferencias y el perdón liberador. Alienados, se convirtieron en objetivos comandados por las malévolas fuerzas espirituales que siempre han reinado en los umbrales existentes en el mundo espiritual.

Las quimeras mundanas ciegan y distorsionan todo el mundo, producen daños en todas sus formas y agravan cualquier situación con sus dañinos buitres. Dirigido por las Leyes Divinas, que son verdades inmutables, cada seguidor refleja la luz y la propaga en la Tierra; especialmente al resistir las influencias negativas que lo rodean constantemente. Por otro lado, quienes no están en armonía con el equilibrio universal no logran saldar las deudas existentes y contraen otras nuevas cuando se dejan llevar por el dominio del mal, elevando su odio contenido y desatando su ferocidad contra los más débiles.

La postura erguida, la conducta mansa y pasiva son virtudes que catalogan la superioridad del hombre, diferentes a las que aplicaban los arios al utilizar la violencia contra sus pares. Y por supuesto la Humanidad todavía no estaba en condiciones de tener una visión tan amplia y espiritualizada sobre la vida terrenal, porque la mayoría todavía se arrastraba por el lodo inmundo de la ignorancia, hecho que limitó y condujo a la producción de innumerables disparates. Y así continuó, causando daño por todas partes. Pero llegará el día del ajuste de cuentas, en el que tendrán que adaptarse al mecanismo armonioso y progresivo del Cosmos.

Capítulo V
RUDOLPH EN TREBLINKA

El último día de visita a sus padres fue nostálgico para Rudolph, quien se sintió invadido por una oleada de tristeza. Un vacío indefinible lo había invadido. Por ello, decidió permanecer en cama un tiempo más.

Quería permanecer tranquilo, aislado para planificar su futuro: su sueño de avanzar en su carrera ya no sería posible en el papel burocrático que desempeñaría en el campo de concentración de Treblinka.

Hosco, con la mirada fija e inexpresiva, sentía aumentar la tensión a medida que se acercaba el momento de la partida. Por lo tanto, permitió que los recuerdos del tiempo pasado en el frente invadieran su mente llena de preguntas.

Recuerdos de los años en los que todavía aspiraba a la vida de soldado sin imaginar cómo sería realmente una guerra, porque se sentía protegido en la comodidad de su hogar viviendo de ilusiones juveniles, lo tomaron por asalto.

Gran parte de las familias ricas de Alemania eran inmigrantes judíos, que habían amasado fortunas gracias al comercio de tejidos, oro y piedras preciosas.

También dirigieron varias empresas, negocios y bancos. Prefirieron emplear a los propios judíos, y los alemanes se quedaron con desempleo y dificultades de todo tipo. Los semitas incluso incorporaron al suyo algunas palabras de la lengua alemana, llamada yiddish. Esta situación aumentó la animosidad contra aquellas personas consideradas codiciosas y especuladoras, difundiendo un odio centenario pero contenido, que surgió con el estallido del segundo conflicto mundial.

El joven también recordó el miedo que había sentido al participar en la guerra que estalló en los primeros años bajo el mando de Hitler y lo imperativo que era acostumbrarse al enfrentamiento directo con el oponente. La adrenalina recorrió su cuerpo, impulsándolo a seguir adelante, eliminando a sus oponentes, tal como el dictador loco que una vez había admirado. Sin saberlo, intentó acabar con el mal que existía dentro de sus enemigos, porque luchar tiene el poder de despertar lo peor en cualquier ser humano.

Deseos, represiones, ambiciones y todo lo malo afloró rápidamente, en los primeros meses de combate, aumentando las ganas de salir victorioso de las situaciones que enfrentaba en primera línea. Las primeras impresiones fueron que otra personalidad había surgido en su interior al asumir el cargo de capitán que se había ganado empleando, con sabiduría y valentía, las mejores tácticas de guerra. Pudo liberar a su pelotón de las emboscadas al sentir el peligro a kilómetros de distancia, una buena percepción que facilitó la preparación de un contraataque temprano.

Tales acciones, para Rud, eran una prueba de la supuesta superioridad que imaginaba poseer todos los pertenecientes al "linaje puro", que pronto dominaría el mundo occidental y oriental.

Las medallas decoraban el uniforme SS y estaban siendo arreglados uno por uno; sin embargo, de ahora en adelante no los recibiría, brindando servicios burocráticos diarios y aumentando el número de prisioneros en el campo de concentración. Pensando en el asunto, concluyó que, en aquella época, ya no importaban las condecoraciones envidiadas, como tampoco la guerra, después de presenciar el clímax de la locura humana, el descontrol total y el contagio de la oratoria engañosa que incitaba a la manifestación del odio contra los judíos. En él floreció un tímido despertar de la conciencia humanitaria latente en todos los seres humanos. Las primeras señales de cambio se establecieron en momentos cruciales durante los combates; y, asentado en los últimos días de convivencia con sus padres, especialmente con el transformado Klaus, el orgullo exagerado y casi imbatible, y el deseo irracional de ser temido y odiado dejaron de ejercer dominio sobre el joven capitán quien, inconscientemente, demostraba mayor accesibilidad al agentes de las fuerzas del bien en la Tierra; es decir, a los espíritus benefactores y trabajadores de la causa mayor: la pacificación.

Si Hitler era un manipulador de las masas y un conocedor de las almas debilitadas por los defectos humanos, cuya habilidad hacía surgir en ellas los sentimientos más odiosos para que pudieran llevar a cabo sus propósitos destructivos, existía también una energía saludable capaz de actuar contra los efectos antes mencionados y combatir parte de los daños causados por el gran maestro del exterminio.

Conmocionado por los golpes en la puerta del dormitorio, dejó los recuerdos perdidos en el vacío de su ser y se levantó para disfrutar de ese día con sus padres.

Sin mayores cambios en su estado emocional ese día, el joven se despidió de su familia. Gertrudis lo miró con los ojos llenos de amargas lágrimas de despedida.

El padre, aunque controlaba más sus emociones, le dio a Rud un gran abrazo de despedida, queriendo retenerlo por más tiempo. No había una fecha prevista de regreso, ni se mencionó cuánto tiempo permanecería en Polonia. El nudo en la garganta le ahogaba las palabras, por lo que el silencio pesado y doloroso prevaleció en los momentos finales antes de la partida.

Una nueva misión esperaba al capitán. El conductor que lo llevaría a la base en el centro de Berlín, donde se reuniría con otros oficiales que también serían trasladados, lo estaba esperando frente a la puerta de entrada.

Con pasos no tan decididos como antes, Rud se dirigió hacia el jeep. Una vez más se giró hacia sus padres que permanecían en lo alto de las escaleras y saludaron antes de irse. Un vacío indefinible lo invadió en ese ínfimo momento, como si algo dentro de él le dijera que ya no los vería más. En este clima, dejó atrás una parte de sí mismo.

El pequeño grupo de oficiales de las SS llegó a la puerta del campo de Treblinka una fría mañana. Además del capitán Rudolph fueron trasladados otros soldados: el sargento Manfred, el cabo Ralf, el cabo Wolfgang y el mayor Peter.

La primera impresión del campo de concentración en ese momento no fue tan terrible, porque por la noche estaba en silencio, aunque el aire pesado despedía olor a carne quemada, revelando exactamente los acontecimientos comunes de ese lugar.

Como era políglota, Rudolph era responsable de traducir varios documentos capturados a los aliados, hazaña que le permitió tener acceso a mucha información secreta que, de ser revelada, incriminaría a cualquier hombre. Pero durante el mandato del dictador, toda locura cometida en nombre de la supremacía alemana era vista como un acto heroico, por inhumanos que parecieran a los demás.

Turnándose en el trabajo administrativo de los dos campos de Treblinka, I y II, no tardaron en adaptarse a la nueva ubicación, aunque no revelaron las molestias con los logros para los cuales fue designado, y sin saber qué era peor: luchar en el frente, o participar en las ejecuciones que se producían diariamente en las cámaras de gas instaladas en el campo, contar a los prisioneros que llegaban a diario o convivir con tantos hombres crueles protegidos por el uniforme que les daba el poder. Los oficiales superiores eran aun más despreciables. En sus currículums había datos aterradores sobre sus logros y su experiencia en otros lugares por donde habían pasado, el comandante de Kurt superaba a todos.

En las atrocidades cometidas contra los judíos demostró su crueldad con mucha naturalidad, como si quisiera asfixiar sus represiones y su personalidad psicótica... No era difícil percibirlo como un hombre con muchas limitaciones sociales y emocionales, teniendo como tal resulta en enfrentar diversos problemas íntimos, familiares y económicos. Dirigió el campamento de Treblinka con manos de hierro y corazón petrificado. Recibió todo el apoyo del Reich y de la dirección demente, la misma que lo había colocado como primer comandante...

Rudolph soñaba con el fin de esa sangrienta guerra y esperaba que alguien bloqueara a las bestias uniformadas. Sin embargo, también formó parte de ese odioso grupo, aunque ya no deseaba participar en el complejo proceso inventado por el nazismo: exterminar para reconstruir. Este era el lema oculto que acompañaba a las peores psicosis del siglo XX en Europa y solo había dos bandos: el de los opresores y el de los oprimidos, y Rud formaba parte del primer grupo, ante una desesperación tardía que se apoderó de él y de la cual nada pudo hacer para liberarse. Los más valientes promovieron, de vez en cuando, ataques contra Hitler, y para ello crearon un grupo para oponerse a las acciones del lunático; sin embargo, todas terminaron en fracaso. Afortunadamente, el grupo de oficiales descontentos antes mencionado nunca fue descubierto y Rud incluso participó en algunos de los ataques. Pero casi todos los miembros fueron transferidos, lo que hizo difícil nuevos intentos de eliminar al dictador.

En realidad, no todo el mundo conocía con exactitud lo ocurrido en un campo de concentración y vendía una idea falsa que sirvieron para resocializar a todos los judíos y a los enemigos del Reich. Y solo quienes trabajaron en los campos de exterminio pudieron vislumbrar el plan diabólico contra seres considerados enemigos de la nación: la que quería ser el futuro gobernante del mundo.

Treblinka se creó a mediados de 1941 como campo de concentración de trabajos forzados y recibió el nombre de un pueblo cercano. Situada a unos 100 kilómetros de Varsovia, Polonia, inicialmente recibió prisioneros acusados de crímenes por los alemanes. Un año más tarde, obtuvo un anexo, el nuevo campo llamado Treblinka II, y el primer campo se llamó Treblinka I.

A diferencia del otro, el segundo campo surgió como un campo de exterminio, otra etapa de la famosa "Solución Final" idealizada por el Tercer Reich. Situado a casi 2 kilómetros de Treblinka I, el anexo fue la máquina asesina que exterminó a miles de judíos en el mayor secreto y utilizó la mano de obra de prisioneros polacos y judíos, muchos de ellos traídos del gueto de Varsovia.

El campamento estaba dividido en dos zonas, una que incluía el andén del tren, alojamiento para los comandantes, administración, carpinterías y un espacio reservado para los "recién llegados" y sus pertenencias. La otra zona incluía el propio sector de exterminio, con las cámaras de gas, fosas abiertas y lugares de cremación, así como los cuarteles para los prisioneros judíos. Los dos sectores estaban separados por una valla.

En el segundo campo, empleados alemanes y ucranianos eran responsables de la vigilancia, la disciplina estricta y brutal, y el funcionamiento de las seis cámaras de gas. Pero algunos judíos también eran utilizados en estas funciones y eran llamados *kapos*. Brutalizados por el hambre y aterrorizados, realizaban las tareas más pesadas; es decir, las más terribles. Eran ellos quienes separaban las ropas y objetos de los demás judíos desencarnados y tenían la obligación de arrojar los cuerpos a hornos crematorios o fosas abiertas. A menudo, al realizar tales tareas, reconocían entre los cadáveres a familiares y amigos.

Ésta era la rutina del campo y Rudolph formaba parte de ella. Fue donde empezó a comprender las condiciones reales de los capturados, porque Treblinka era una auténtica línea de producción de la muerte, eficiente, rápida e impecable. El mundo occidental tardó un tiempo en descubrir lo que sucedía en los campos de concentración durante la Segunda Guerra Mundial. Las noticias y pruebas que llegaron a través de quienes arriesgaron sus vidas para informar fueron recibidas por unos pocos que no dieron crédito o, si creyeron, no hicieron nada.

El secreto sobre los crímenes cometidos en Treblinka siguió estando garantizado por las dos alambradas, mientras que la interior estaba camuflada por árboles y plantas, precisamente para encubrir las macabras actividades. Para reforzar esta farsa, la cámara de gas exhibió una estrella de David y una cortina, con las siguientes palabras: *"Esta es la puerta por la que pasan los justos."*

Capítulo VI
LA LLEGADA DE HANNA

El número de trenes que cada día llevaban judíos al campo de Polonia aumentó considerablemente. Por este motivo, Rudolph necesitaba establecerse permanentemente en Treblinka II, ya que el traslado de un campo a otro se había vuelto inviable debido al gran número de prisioneros que pasaban por controles a su llegada, y, como ésta era una de las actividades del joven capitán, estaba fijado de una vez por todas en el anexo construido para el sacrificio diario.

Un tanto desilusionado con la nueva prisión, que consideraba inútil por su probada capacidad y con los hechos inhumanos que presenció en el circuito de asesinatos, Rud cumplió mecánicamente sus deberes de cicerone de los presos. No perdió tiempo en centrarse en los detalles, ni en los rostros demacrados y con profundas arrugas óseas de los infortunados judíos que llenaban los vagones de los trenes que atracaban en la estación de la muerte. Una visión terrible fue la del desembarco de aquellas personas predestinadas a la mala suerte. Fueron engañados con mentiras que estaban siendo trasladados a un lugar de reasentamiento, en el que reiniciarían su vida con dignidad. Engañados por la promesa de días más suaves en esa dura guerra, los semitas afrontaron el largo viaje en el gélido clima europeo; el hambre; la sed y la falta de higiene en los vagones sellados y repletos de los trenes que los transportaban amontonados como animales. Todo el sufrimiento y las privaciones enfrentadas; separación de familiares, que generalmente se producía horas antes del embarque; Los problemas de salud agravados por las deplorables condiciones en los vagones inmundos y contagiados por diversos tipos de enfermedades formaron un cuadro aterrador y definitivo para muchos pasajeros que no pudieron completar el viaje y sucumbieron antes de la última parada. Al desembarcar, se encontraron frente a la Estrella de David y escucharon el discurso de un oficial de las SS que les explicaba que habían llegado a un campo de tránsito. Luego, las mujeres y los niños fueron separados de los hombres; los enfermos también fueron separados y los desencarnados fueron desechados. Luego comenzó el "macabro ritual" de conferir nombre y número; corte de pelo y ruta a las cámaras de gas. Fue en ese momento cuando los guardias animaron a la gente a escribir a sus familias - la correspondencia se enviaría más tarde -, para reafirmar al mundo occidental la impresión que el proceso de transferencia judía no era más que una simple sesión. La misma escena se repetía en todos los campos de concentración tras cada tren que llegaba a la estación.

Para Rudolph, su misión en el campo anexo simbolizaba la degradación de la carrera militar tan soñada cuando niño, por tanto, se sentía perturbado por las constantes preguntas sobre su papel en aquella guerra sin sentido. Ese lugar, lejos de su familia, le daba miedo por las noches de insomnio y pesadillas horrendas. Se sentía usado, sucio, sin derecho a la libertad, se veía así mismo prisionero como los judíos, los contaba diariamente. Peor que sentirse atrapado en ese campo fue, sin duda, el rostro de la dura realidad que enfrentó su conciencia acusadora. Y, cuando terminara la guerra, las víctimas, si sobrevivían, serían libres, aunque devastadas por la cruel experiencia. Sin embargo, los nazis, verdaderos verdugos, pagarían caro todos los actos viles cometidos, dijeron personas similares. Quizás por eso, sabiendo de antemano lo que les esperaba, si el mundo descubría las actividades asesinas del nazismo, se mantuvo tanto secretismo sobre toda la operación y la segmentación de sus etapas.

La indignación del capitán Rudolph afloraba con mayor fuerza cada mañana; sin embargo, ese día llegaría otro tren repleto de gente amontonada una al lado de la otra y nada podía impedir el buen desarrollo de la obra. Solo por eso se comportó como un auténtico oficial nazi, sacudiéndose la pesada nube que flotaba en su mente por los crímenes cometidos y presenciados, cuya conciencia atormentada le advertía severamente... Por suerte, al día siguiente regresaría a Treblinka I donde ocuparía la antigua sala, la antigua función administrativa y de traducción de documentos. Hasta nuevas órdenes del comandante Kurt, ya no sería necesario contar a los judíos cuando llegaran los trenes. Esta noticia le dio cierto alivio dejando de lado la repulsión que antes le había afectado. Algo más aligerado, se dirigió hacia este lugar para cumplir la dolorosa tarea diaria sin saber que incluía un nuevo rumbo hacia su destino...

Era una mañana fría, y el grueso abrigo colocado sobre los uniformes de los oficiales, resaltando el símbolo de su ética, parecía insuficiente para protegerlos de las bajas temperaturas; los *kapos*, identificados por la franja negra adherida a una de las mangas de su uniforme de prisionero, casi se congelaron por el frío de las primeras horas de ese día; y la Estrella de David, inerte, permaneció adherida y visible, decorándola con la intención de engañar a los recién llegados. Todo estaba listo, como lo había estado siempre desde que comenzó aquella atroz ceremonia.

Los judíos desembarcaron de perfil y en silencio para cumplir con el preceptivo protocolo de llegada. Con la excepción del capitán Rudolph, que con dificultad ocultó sus sentimientos de compasión, nadie más mostró siquiera un signo de lástima por aquellas delgadas criaturas con rasgos de sufrimiento, el objetivo común era controlar...

La multitud de personas en camino al exterminio era una triste y vergonzosa realidad.

El trabajo de organizarlos por sexo no había terminado y muchas familias estaban siendo separadas momentos después de su llegada. Las lágrimas contenidas junto con la expresión de miedo en el momento de la separación fueron disimuladas por miedo a represalias. Rudolph, más susceptible a estos detalles pudo percibirlos como seres similares a cualquier otro en cuanto a sentimientos.

Había llegado el momento de elegir cuáles se irían al alojamiento, los que se utilizarían en las labores de mantenimiento del campo y los que irían directamente a las cámaras de gas. Una empresa complicada para el joven oficial, ya muy sacudido por el remordimiento; sin embargo, siguió a algunos de los *kapos*, buscando a lo largo de la línea a aquellos que serían utilizados, mientras duraran, en los servicios más pesados. Otros agentes separaron a los ancianos, los enfermos y los más enfadados para la sesión de exterminio que les esperaba.

Una escena llamó la atención del capitán. Una dama orgullosa, aunque llorosa, acompañada por una joven que brillaba con su rara belleza y sorprendente expresión, abrazaron a uno de los delgados judíos entre ellos elegidos para que vayan directamente a las cámaras. Era obvio que no sabían que la muerte sería su destino en los siguientes minutos, pero el pesar por la sorpresiva partida era evidente.

Compadeciéndose, Rudolph se acercó un poco más, mientras los *kapos* corrieron hacia adelante para separarlos definitivamente. Según las órdenes del comandante Kurt, la fila que marchaba hacia la ejecución no podía ser interrumpida por un sentimentalismo tonto: el prometido nuevo comienzo de vida para los judíos se convirtió en una incógnita en los primeros momentos.

- Pobres criaturas. No saben lo que les reserva el destino... - pensó Rud mientras caminaba hacia el pequeño y resistente grupo familiar sin prestar mucha atención a las demás personas desafortunadas que los rodeaban.

No entendió por qué había un repentino interés en esa gente. Parecía como si una fuerza hasta entonces desconocida guiase sus ojos en dirección a aquella triste mujer judía sostenida por la dama igualmente consternada. La piel blanca, el cabello rubio y los ojos azules que parecían dos pedazos de cielo brillaban entre la multitud, cuyo brillo provocado por las lágrimas realzaba aun más la destacada belleza. Por un breve segundo, sus miradas se encontraron, el tiempo suficiente para que el corazón de Rud latiera más rápido, sus manos calentadas por los gruesos guantes casi se congelaron y sus vigorosas piernas de repente se tambalearon. Un destello de conciencia le hizo reconocerla como la mujer amada que siempre había esperado encontrar. Confundido por la emoción, cuando se encontró con aquella hermosa mujer, se desconectó brevemente de la realidad. Y cuando volvió en sí, ya estaban caminando entre la multitud hacia las cámaras. En una búsqueda desesperada, intentó encontrarla rápidamente. Sin más demora, corrió rápidamente hacia la pandilla condenada. No fue difícil reconocerla entre la multitud, pues parecía flotar con su andar elegante y armonioso, sus gestos delicados y su presencia llamativa. No parecía que hubiera sufrido discriminación ni odio alemán durante el largo período anterior a su traslado al campo de concentración.

Indiferente a todo y a todos, seguía impulsado por su desesperación por evitar que su elegida muriera asfixiada por el gas venenoso. Rud continuó siguiéndola hasta que la joven avanzó un poco más y se mezcló con la población judía. Se detuvo a unos metros delante de la misteriosa mujer que hechizó su corazón. Notó la similitud entre las dos que permanecían abrazadas y protegidas mutuamente, pronto percibió que eran madre e hija. Los segundos siguientes se le hicieron eternos y, dominado por el instinto investigador, quiso descubrir todos los detalles y secretos de la mujer que había invadido su vida, dominado su alma y robado su corazón. Sus miradas se encontraron nuevamente, esta vez por un período más largo. Sin entender cómo, comprendió en los ojos de aquella mujer, casi indescifrable, que - detrás de la nube gris y pesada que nublaba profundamente su rostro angelical -, tan imposible como no fijarse en ella sería deshacerse de amarla y, peor que todo, llegó a la conclusión que era imposible vivir sin ella.

Amor a primera vista o reencuentro de almas afines, no importaba, ya que el destino los unía y los unía ininterrumpidamente. En un impulso, la agarró de los brazos. Quería encontrar el número estampado en ellos que la identificaba, y ni siquiera le importó el miedo repentino que le causaba su actitud. En la relación con los nombres de los judíos escritos en los papeles que traía, trató de saber un poco más sobre ella. Con las manos temblorosas y la respiración entrecortada, el joven enamorado recorrió con su mirada ansiosa los miles de números incluidos en la lista hasta detenerse en el número idéntico al del tatuaje: Hanna Yochannan, 19 años, estudiante universitaria, nacionalidad alemana e hija de judíos residentes en Hamburgo: eso era todo lo que figuraba en la hoja de identificación.

Ella, muy asustada, no entendió la forma de proceder del extraño oficial, bloqueándola repentinamente, mientras su mente se dirigió al paradero del hermano Yoseph, separado de ellas sin ninguna explicación.

No se atrevió a separarse de la mano fuerte del oficial con su mirada penetrante. Una cierta inquietud se apoderó de la bella judía ante el toque de aquel extraño hombre que parecía explorar profundamente su alma. Nunca se había sentido tan completamente invadida por alguien. Un malestar indefinible, una mezcla de incomprensible terror y alegría la invadió de repente, y Hanna luchó contra tales sentimientos, porque, en su opinión, no eran apropiados en ese momento decisivo y más tratándose de un miembro de la tropa nazi que persiguió a su pueblo.

Con cierta cultura adquirida a lo largo de los años de asistencia a la universidad hasta que las nuevas reglas del dictador se lo impidieron, pudo cuestionar la forma en que trataban a los semitas, revelando un prejuicio envidioso e irrazonable. Estaba segura de sus conjeturas y aprendió a despreciar la sucia ideología de Hitler y de todos aquellos que la seguían ciegamente, pero ante aquel apuesto alemán, cuya presencia la perturbaba mucho, no encontró fuerzas para resistirse y mantenerse firme a todos los conceptos preestablecidos en los años de sufrimiento y represión. Temía y despreciaba todo lo que el uniforme con el símbolo de la esvástica representaba para un pueblo normal y trabajador como el suyo. Aun así, no pudo hacer nada para detener la ola a veces helada, a veces ardiente que sentía todo su cuerpo cuando lo sentía tan cerca.

El enfoque en su separación y Yoseph estaba completamente perdido, y la joven se castigó en silencio. Buscó desesperadamente recuperar cuidadosamente el equilibrio y concéntrese en la difícil situación, porque su madre, Martha

Yochannan, estaba visiblemente sufriendo y la principal cuestión que importaba era descubrir cómo encontrarse con ellos de nuevo.

¿Cómo aceptar la separación impuesta a la llegada si los votos de reconstrucción de un nuevo modelo de vida parecían claros a lo desconocido que está frente a ti?

- Por favor señor, ¿puede decirme a qué alojamiento fueron llevadas algunas personas? Notamos que hombres y mujeres estaban separados en bloques; sin embargo, a mi hermano lo llevaron con los mayores y los más enfermos.

- ¡Cállate! ¿Cómo te atreves a dirigirte a un oficial que solo quiere protegerte? - Anticipándose, respondió el o que acompañaba a Rudolph.

A una señal del capitán, el asistente guardó silencio. Rud todavía se sentía aturdido por el encuentro inesperado y escuchar la dulce y tranquila voz de Hanna lo sacudió por completo. Necesitaba tomar una decisión antes de sufrir el mismo destino que su supuesto hermano. No había nada que pudiera hacer para evitar que entrara en la cámara ya preparada. Sin embargo, era necesario tomar medidas para impedir que una hermosa mujer judía también muriera. Sin pensar en una respuesta adecuada a tan pertinente pregunta, tomó una decisión. Volviéndose hacia el *kapo*, ordenó:

- ¡Quédate aquí y no dejes a la recién llegada hasta que yo regrese!

Tras el gesto sumiso y positivo del compañero, se marchó decidido. Se suponía que esta sería una mañana de rutina y la última para Rud en el campo contiguo, y lo único que soñaba cuando despertó horas antes era terminar los trámites ante la llegada de los "desgraciados", esperar la tarde e ir al otro campo, donde muchos documentos franceses recuperados estaban esperando traducción. Sin embargo, se convirtió en el día más divino y más terrible en la vida del joven incrédulo con la guerra en la que combatió, porque aquella hermosa mujer, heredera de un pueblo despreciado y odiado, lo hizo dependiente del amor deseado, cautivo de la luz natural que brillaba en ella.

Rudolph se embarcó en una desesperación sin fin al sentir que Hanna tendría poco tiempo para vivir y, junto con otros compatriotas, seguiría el cruel destino que les había reservado. Otro dilema aun más tortuoso le hirió profundamente. Como poseía una rara belleza física, la dejó a merced de las miradas inescrupulosas de los demás presente allí. Y a pesar que sus atributos femeninos podían satisfacer la lujuria reprimida de los simpáticos habitantes del campo de concentración, corrió el riesgo de ser llevada al burdel instalado en el primer campo, donde eran llevadas las mujeres judías más bellas en un intento de satisfacer los deseos más viles de los soldados. Era necesario hacer algo antes que tales suposiciones se hicieran realidad.

La cabeza del oficial daba vueltas sin parar. El deseo de salvarla y amarla intensamente le hizo abandonar su puesto y marcharse como loco alucinado buscando a su superior, el comandante Kurt. Tuvo muy poco tiempo para sacarla del corredor de la muerte o de las garras de la promiscuidad. Afortunadamente, había creado una buena relación con el primer comandante del campo que estaba allí esa mañana. Avanzó rápidamente por el interior del almacén donde se encontraba la sala de Dirección General de Treblinka II.

Tan pronto como terminó el saludo a Hitler, un saludo jerárquico común en la Segunda Guerra Mundial en Alemania, Rud inició el diálogo.

- Señor Comandante, vine a pedirle permiso para utilizar en el trabajo a una prisionera judía recién llegada, limpiando mi sala de estar - reprimió todas las emociones asociadas con la agonía de lograr el éxito en la solicitud.

- ¿Es esta prisionera una joven judía? - Preguntó Kurt con un aire sarcástico acompañado de los más bajos pensamientos, y al recibir la afirmativa añadió .- ¡Por favor beneficia a la infortunada mujer, tienes mi permiso! - Concluyó con una sonrisa irónica, imaginando las intenciones incluidas en aquella petición.

El agradecimiento por la autorización otorgada no se hizo esperar y, a pesar de los modales disolutos del comandante, Rud se despidió usando el saludo habitual entre ellos y rápidamente salió al encuentro de Hanna. Quería llevársela antes que fuera demasiado tarde, así que caminó rápidamente. Era urgente sacarla de la zona de peligro porque, solo bajo su protección, estaría a salvo en ese ambiente hostil y letal.

Al hacer valer otro de los derechos propios de los oficiales del ejército de Hitler, disfrutaría de la presencia diaria de la mujer que había sacudido intensamente su vida en cuestión de minutos, no para satisfacer sus necesidades físicas propias de un hombre solitario, sino para amarla, darle forma más sublime y completa que tal sentimiento representa y hace posible para todas las criaturas. Esto es diferente a lo que ocurrió con los demás compañeros recluidos en aquel recinto, donde utilizaron los derechos que sus cargos les permitían con la intención de satisfacer sus deseos enfermizos. Porque era costumbre común, durante el tiempo que duró la guerra, elegir para empleo a las jóvenes semitas más bellas que llegaban a los campos de concentración en la limpieza y organización de las habitaciones que utilizaban, además de transformarlas en amantes durante una temporada determinada. De esta manera, se mantuvieron con vida y recibieron algunos beneficios de los oficiales que sirvieron hasta que fueron reemplazadas por otras, al contrario de lo que ocurrió con los demás recluidos en el cuartel, donde la comida típica que hacían era una especie de mezcla de patatas podridas, y restos de comida en mal estado de los militares.

Con estos pensamientos se dirigió en dirección a Hanna, mientras una inmensa angustia lo invadía por la simple sensación de imaginar que ya era demasiado tarde para rescatarla. En el corto trayecto entre la habitación del comandante y el patio donde se reunía la multitud se experimentó un sufrimiento desesperado. Se cruzó entre algunos de los prisioneros y, atento, intentó verla aun al cuidado del *kapo* ordenado por él. Un cierto alivio impregnó su angustia casi incontenible cuando la distinguió entre las jóvenes elegidas para enriquecer las orgías de los oficiales en el asqueroso burdel.

Entonces avanzó en dirección al sargento Manfred Roering, responsable de elegir y conducir a las mujeres seleccionadas, y, acercándose a él, le habló al oído:

- Manfred, recibí autorización del comandante para llevarme a una de las mujeres judías de ese grupo para que me sirviera en mi sala de estar.

- Siéntete libre de elegir una o más mujeres judías - sugirió el sargento burlonamente.

- Ya tomé la decisión - respondió secamente sin dejar lugar a una mayor intimidad.

- ¿Ve a buscar a tu pequeña o prefieres que yo haga esto por ti? - Preguntó el inescrupuloso nazi -. ¡La verdad es que tenía curiosidad y me gustaría poder comprobar el producto en persona! - Concluyó con ironía con una risa tremenda.

El impulso de darle un poderoso puñetazo a aquel hombre sin carácter fue intenso, con el odio casi indomable que lo invadió al escuchar tan feroz observación. Le costó mucho esfuerzo controlar su enojo y actuar con naturalidad ante la situación presentada. Hanna tenía que salir intacta de allí, así que, utilizando la misma artimaña, representó una igual falta de escrupulosidad y con una sonrisa llena de picardía respondió:

- Prefiero comprobarlo yo mismo, tú me entiendes, ¿no, sargento? - Articuló las palabras con dificultad sin mirarlo, de lo contrario representaría el deseo de golpearlo hasta verlo escupir sus propios dientes.

- ¡Por supuesto que lo entiendo, capitán! - Terminó dándole un ligero codazo a tu colega en el brazo sin notar su esfuerzo por controlarse.

- Hasta luego, Manfred – se despidió, dirigiéndose ya a la reunión.

El impase fue controlado inteligentemente y el siguiente paso sería sacar a Hanna de ese lugar, sin la compañía de su madre quien, por cierto, era parte de la multitud que se dirigiría a las cámaras de gas.

Bella y única allí estaba ella, aunque su rostro era diferente bajo los efectos del desorden y la soledad, el deseo de revertir la situación, devolviendo a los seres queridos a su convivencia creció en el corazón del joven capitán, pero la imposibilidad de lograrlo era clara y su fin evidente. El único camino posible ante esta triste realidad sería utilizar el poder que le otorgaba el puesto de oficial nazi, arrebatándosela sin ningún comentario. Así se hizo. Pero tuvo que reprimir el impulso de abrazarla para liberarla de todos los disgustos y desgracias. Anhelaba sentir los latidos de los tristes corazones femeninos ante el cruel desenlace; sosteniendo sus delicadas manos en señal de cuidado, envolviéndola alrededor de su pecho como prueba de protección permanente; y por fin, acariciar cariñosamente su cabello rubio en un intento de sacudirla de toda la tristeza que visiblemente la agobiaba. -.

Superando lo desconocido y las nuevas emociones que lo invadían, trató de contenerse para encontrar condiciones para lograr el objetivo sin causar daños al plan que lo conmovía.

Hanna, con la cabeza gacha, ni siquiera notó el acercamiento del misterioso hombre que la desequilibró enormemente. Solo cuando él se detuvo frente a ella, ella sintió un tremendo escalofrío, acelerando todo el torrente sanguíneo y luego atacando cada fibra, nervio y músculo de la frágil anatomía que le pertenecía. Las miradas de los dos jóvenes volvieron a encontrarse en aquella ocasión y una sensación inexplicable los dominó. Era como si se conocieran desde tiempos antiguos, inmemoriales. Un vasto ciclón, secreto e invisible, arrasó con todas las dudas existentes, y sus efectos supuestamente devastadores los transportaron a un pasado lejano, al que ya pertenecían sus almas entrelazadas. En los ojos de Rud se podía leer la esperanza perdida y resucitada de las cenizas de tiempos perdidos. Los suyos, llenos de mucho dolor, se veían empañados por la incertidumbre y el miedo, ya que su familia había sido trasladada allí para rehacer sus desgracias, pero el destino le deparaba dos sorpresas: la separación de los miembros de su familia y el encuentro con el hombre cambiaría el resto de su vida para siempre.

Para ambos, cada uno a su manera, ese día representó una mezcla de satisfacción por el amor recuperado y desprecio por lo que las ideologías y las diferencias raciales representaban entre sí.

Rudolph y Hanna estaban cara a cara. Imposible describir los sentimientos que los sacudieron en ese momento, el tiempo podía detenerse, transformándose en un eterno asombro mutuo, incluso podía separarlos definitivamente, porque la certeza que sus almas estaban conectadas era categórica. Sin embargo, era urgente una recuperación íntima, antes que ambos perdieran la cabeza y cedieran a sus impulsos amorosos. Porque el capitán Rudolph fue el primero en recuperarse de ese estado comprometedor, sin perder un segundo más, tomó a Hanna por los brazos y de allí partieron rápidamente.

Capítulo VII
LOGRO DEL AMOR

Antes de abandonar el campo adjunto, Hanna, todavía bastante confundida por el dominio de aquel soldado nazi sobre su derecho a la libertad, se preocupó con el paradero de su madre y su hermano. No los había vuelto a ver ni había recibido ninguna noticia de ellos, por insignificante que pareciera. Nada, un silencio tortuoso y aterrador, ni una sola mención.

Sintiendo las condiciones favorables frente al apuesto hombre que la dominaba, se arriesgó a hacer la pregunta que la calmaría.

- Señor, hace poco le pregunté por el paradero de mi hermano Yoseph y no obtuve ninguna respuesta. Ahora, además de él, mi madre también se perdió entre la multitud, llevada por otros agentes. Si no es una afrenta, me gustaría mantener la noticia o, quién sabe, incluso unirme a ellos. ¿Podrías satisfacer mi duda llenando el vacío que tal misterio provocó en mí? - Llorosa y con el corazón acelerado, Hanna logró terminar la pregunta que tanto le molestaba.

A su vez, Rudolph se quedó sin palabras. Un nudo invisible, pero mordiente le apretó la garganta, mientras el miedo a decirle la verdad casi lo asfixiaba. ¿Cómo podría decirle lo que estaba a punto de pasarle a la pequeña familia de su amada? ¿Cómo puedo decirle el resultado real que les atribuía el odio alemán contra los judíos? - Pensó bajo la mirada angustiada y ansiosa de Hanna. Decidió mantener oculta la verdad en ese momento y tal vez, más tarde, cuando se sintiera más seguro, revelaría toda la inmundicia y atrocidad cometida contra su pueblo. Rudolph contaba con la posibilidad que su amor compensara el dolor que le causaría su revelación.

- ¡Por el momento no puedo decirte su paradero, porque ni yo mismo lo sé! Pero prometo descubrirlo y juntarlos nuevamente. Ahora tenemos que seguir adelante desde aquí. Cálmate y confía en mí.

Hanna obedeció e inexplicablemente confió en este extraño al que ya amaba. No sabía nada de la vida del oficial, ni siquiera su nombre; sin embargo, sabía en su corazón que moriría por él si fuera necesario.

¿Cuáles serán los caminos y facetas del amor? ¿A dónde lleva? ¿Qué es este sentimiento, una mente extraordinariamente dominante e indefinible, capaz de cambiar tanto a las personas enamoradas?

El amor es el sentimiento más perfecto y destructivo dependiendo de la forma en que lo usemos.

Energía creativa, dinámica y sin fin. Luz y oscuridad; cielo y abismo; vida y muerte; arrullos y torturas; calma y tormenta; es decir, una constante dualidad de fuerzas al contrario, cuyo antagonismo impregna y completa incesantemente al ser.

Los amantes experimentaron tales definiciones y trabajaron en este terreno nuevo y fértil para ambos. Sin miedo, se embarcaron en esta energía que siempre los había guiado.

Llegaron a los dominios del otro campo al anochecer. Rudolph, más aliviado, pudo respirar, ya que la joven no permaneció mucho tiempo en el segundo campo donde se estaban produciendo los asesinatos en masa, ni sus pertenencias fueron saqueadas como sucedió con los demás condenados por el nazismo, momentos después del baño de agua fría en el campamento en el invierno glacial de Europa. Éste era el ritual practicado contra las víctimas de la guerra: los prisioneros eran enviados a cámaras de gas y morían desnudos y engañados...

La joven, preservada de la deprimente situación, ni siquiera imaginaba que su familia, en esas primeras horas de la tarde, ya estaba muerta y cremada; compartiendo un pequeño espacio en una fosa común en el campo que quedaba detrás.

Cuando llegaron a la puerta, ella parecía tranquila. La promesa que se reuniría con su familia la llenó de esperanza, por lo que pudo observar más de cerca el lugar donde fue llevada. Era similar al anterior, pero tenía menos barracones y un número de gente mucho menor respecto al primero. La diferencia más pronunciada que notó fue la expresión facial de los judíos que se veían en el gran patio. Algunos apenas podían caminar y arrastraban los pies de un lado a otro, realizando aun las tareas más pesadas.

El arduo trabajo que realizaron les llevó a un marcado y visible agotamiento físico. Los resultados se vieron agravados por las pésimas condiciones de vida que se ofrecían, además de la mala alimentación. Detalles que la protagonista desconocía.

Un sentimiento piadoso, latente en aquella alma patriótica, la invadió de inmediato, ya que se trataba de personas de diferentes edades que parecían animales maltratados. Y todos, sin excepción, denunciaron la tortuosa rutina de ese ambiente hostil, que le hacía creer que pronto ella también sería parte de esa dura realidad. Antes que sus primeras impresiones se aclararan y la llevaran a sacar conclusiones desagradables, Rudolph la tomó de la mano y la condujo a uno de los alojamientos.

De repente alejada de la visión desequilibrada, la joven notó las señales que provocaba en ella el tacto de aquel hombre, de casi dos metros de altura, guapo, vigoroso, rubio y de hermosos ojos verde oscuro como las profundas aguas del océano. La presencia, junto con el aroma natural y la energía del joven nazi, provocó cierto nerviosismo y miedo en Hanna, señalando una íntima advertencia que los cambios en la vida de ambos se producirían sin demora. Un intenso escalofrío se apoderó de ella por completo. Sin poder reaccionar, la bella judía se dejó transportar por las manos gigantescas del apuesto conductor. Caminaron en silencio hasta que apareció ante ellos un gran pasillo con varias habitaciones. El entumecimiento provocado por la proximidad de los cuerpos durante el trayecto invadió por completo a la pareja. Viajó en pensamientos esperanzadores y llenos de la expectativa de amarla sin reservas, imaginando un futuro más colorido y estándar. Luchó contra todas las impresiones antagónicas sentidas en un mismo día, porque el dolor de la incertidumbre se mezclaba con la sorpresa de descubrir el amor de la manera más insólita para su corazón virginal.

El amor, al ser el curso natural de la vida, ofrece diferentes caminos que la razón humana desconoce; sin embargo, solo este sentimiento tiene la capacidad de destruir todas las contiendas existentes. Así, en una época en la que las diferencias sociales y raciales se desbordaban en todos los rincones de aquel país, el amor desmanteló las trampas astutamente dispuestas por las fuerzas del mal contra seres espiritualmente desprevenidos, porque el amor entre Hanna y Rud no era solo carnal, sino más bien un sentimiento secular que llevó a cambios radicales en su comportamiento ante la vida. Especialmente en el joven nazi, tales transformaciones fueron altamente positivas dentro de la desoladora situación que atravesaba el continente europeo en aquel momento de destrucción, pues sus manos dejaron de derramar la sangre de decenas de encarnados en la fase de rescates graves, reduciendo así el volumen de las deudas para ser redimido en el futuro.

Los cambios provocados en Hanna no tuvieron el poder suficiente para hacerla recordar los últimos momentos pasados con su familia. Y, entre la novedad del amor recién surgido y la fuerza de la separación, sus pensamientos se alternaban rápidamente, llevándola casi al delirio, como si un torbellino se llevara ahora los recuerdos de Yoseph y Martha, borran ahora el admirable momento vivido como mujer. Solo le quedaba una opción: confiar en la promesa de aquel desconocido, cuya presencia le provocaba vértigo.

No tardaron en llegar al lugar destinado a dividir temporalmente sus vidas, aunque, para ella, la corta distancia recorrida parecía un desierto casi infinito.

La puerta se había abierto y les indicó que entraran. Se trataba de un despacho improvisado adjunto a un pequeño dormitorio y, finalmente, al baño. Los pequeños muebles revelaban practicidad para las futuras tareas que tendría que realizar a partir de ahora. Había una mesita a la entrada y, sobre ella, un teléfono, papeles, algunos libros y manuales; unos pasos más adelante, contra la pared de madera, había un escritorio rústico con más papeles y unos sobres con documentos. Separado por otra pared había un pequeño dormitorio con una cama y unas perchas que sujetaban los uniformes traídos por Rud; en un rincón, un par de botas pesadas esperaban el regreso de su portador; y la tercera puerta conducía a un baño aun más pequeño que el resto de habitaciones.

Hanna observó cuidadosamente cada detalle que formaba parte de la rutina militar, estos elementos resumían casi todo lo que tenía para desempeñar su cargo. Además del uniforme de reserva y otras prendas de vestir, el capitán trajo una pequeña maleta cerrada con llave que había sido colocada debajo de la cama. Más tarde, la joven descubriría que escondidos entre algunos objetos se encontraban documentos importantes para los proyectos diseñados por el grupo secreto que tenía como objetivo derrocar a Hitler. Estos planes, secretos y peligrosos, eran indescifrables para los profanos, ya que el grupo utilizaba códigos, diagramas y cifras aleatorias para evitar ser descubierto. Una protección adecuada contra las verdaderas intenciones que allí se esconden, porque, de ser descubiertas, las conduciría a un final trágico.

En silencio, observó a su amada conocer su nuevo entorno. Sin embargo, el silencio asfixiante terminó cuando el oficial se acercó.

- Llegamos a nuestro destino. El espacio es pequeño y no tendrás mucho que hacer.

- ¿Cuándo debo empezar a trabajar? - Preguntó sin mirarlo.

- Más tarde. Primero, me gustaría darte algunas instrucciones muy importantes.

Mientras hablaba, Rud midió cada gesto y movimiento de la hermosa mujer judía que, bastante ansiosa, se apretaba los dedos contra las palmas de las manos. Encantado por su angelical belleza, intentó con todas sus fuerzas controlarse y no darle un largo beso de amor. La suave entonación de la voz ocultaba al oficial nazi dispuesto a tratar a los rehenes con dureza y brutalidad. Rendido ante aquella mujer, delataba la postura austera que exigía el cargo que ocupaba, el joven se había enamorado como nunca y lo único que soñaba era poder cumplir el amor que ya lo dominaba por completo.

¿Qué le dirían los amigos fieles al Führer al verlo lánguido y manso ante el enemigo? Y sus padres que, aunque más humanizados por las dificultades de la guerra, nunca aceptarían la alianza de su hijo con un semita.

Las preguntas arrasaban en su mente, pero nada era lo suficientemente fuerte como para hacerle renunciar a vivir esa pasión.

El amor es así: sorprendente e inesperado; contagioso y divino, destructor de todas las libertades. Cuando aparece, no otorga derecho a negarse ni a escapar.

- ¡Puedes enumerarme las instrucciones para que yo pueda llevarlas a cabo! - Lo trató con formalidad para saber qué era lo que verdaderamente existía en su corazón.

- ¡Fuiste traída a este campo para cuidar mis cosas y todo lo que me concierne! Básicamente, el trabajo es ligero, lo que no requerirá mucho esfuerzo físico.

- Eso no es lo que noté nada más llegar aquí - lo interrumpió, citando las pésimas condiciones físicas de algunos judíos que trabajaban en ese campo.

- Contigo será diferente, porque eres mi protegida, y lo único que debes hacer es confiar en mí - aseguró Rudolph y continuó:

- Es costumbre utilizar algunos judíos para mantener el orden el campo, para que todo funcione, les exige mucho, lo sé.

Estoy en contra de estas prácticas; por lo tanto, trato de mantenerme neutral respecto a ellos. Tengo funciones específicas que cumplir en este campo y encontrarás varios documentos en otros idiomas y soy yo quien los traduce. Te aconsejo que no los manipules ya que contienen muchos datos confidenciales. Si actúas según mis instrucciones, tanto tú como yo estaremos a salvo. ¿Fui claro?

Hanna asintió, dotada de astucia, sabía que lo mejor en las condiciones en las que se encontraba era obedecer. Si bien su curiosidad se vio acrecentada por el conocimiento de la existencia de tan comprometedores papeles, no podía involucrarse en asuntos confidenciales y, por increíble que le pareciera, no tenía intención de dañar al extraño y hermoso hombre que se hacía llamar "su protector." No sabía de dónde venía la complicidad mutua que allí se reveló, cuando, en muchos casos, son necesarios años de convivencia para obtenerla. La impresión que tuvo fue que la estrecha relación entre ellos, que surgió en apenas unas horas, había nacido en un pasado desconocido para ambos.

El oficial siguió dictando todas las reglas del campo y, según sus palabras, la oyente se ahorraría compartir con otros un espacio en el alojamiento femenino mantenido en uno de los almacenes de Treblinka I. Para ello, utilizó el pretexto de ser más práctico y seguro, la presencia constante de la joven en ese espacio donde trabajaba la dejaba sorprendida y asustada, lo que permanecía oculto era la verdad que quería tenerla a su lado todo el tiempo, así como el hecho de ser insalubre el alojamiento provisto para los judíos. El capitán no tuvo el coraje de exponer las verdaderas condiciones que enfrentaba el pueblo de Hanna en ese lugar, y mientras pudiera la mantendría a distancia, evitándole sufrimiento. La vergüenza de ser parte de las brutalidades cometidas contra los prisioneros le hizo tomar esta decisión. No permitiría que su amada se enfrentara a la realidad, prefiriendo hacer uso de su derecho a conservarla en su habitación, haciéndole creer al comandante que la estaba usando como amante temporal.

- Me estás diciendo que compartiremos el mismo espacio día y noche? - Preguntó señalando las dimensiones que los albergaban.

- ¡Sí! Es la mejor solución por el momento – dijo categórico y decisivo, sin permitir ninguna mención de contradicción -. ¡No te preocupes, no te sucederá ningún daño! Te sentirás cómoda en la habitación y yo me prepararé aquí mismo.

- ¡Eso no es correcto, señor! Puedo arreglarme perfectamente con las mujeres del alojamiento.

- ¡Ya está decidido y no se habla más de ello! – ordenó -. ¡En unos días estarás adaptada y estarás de acuerdo con mi decisión! Ahora, cambiemos de tema.

- ¡Como desee, señor! - Al no encontrar manera de apartarlo de la idea, se rindió sumisamente.

- Aprovecharemos el resto de la tarde para conocernos. Quiero saber un poco más sobre ti y tu vida. Primero; sin embargo, tengo una petición que hacerte - esperó unos segundos y continuó -. Guarda la dirección formal para cuando estemos en público o cuando recibamos visitas, además llámame por mi nombre, y aprovechando la oportunidad me presento: mi nombre es Rudolph von Günter, tengo 26 años y soy oficial de las SS, como ya sabes. Para mí era un sueño de infancia convertirme en soldado como mi abuelo, y tomé este camino creyendo que ayudaría a reconstruir nuestra patria, que debería ser para todos los alemanes; sin embargo, llegó la guerra y no tenía idea que tomaría tales proporciones; como lo que vivimos. Hoy cumplo mi papel sin la misma fe inicial y la esperanza de cada día que este tormento llegue a su fin, permitiéndonos retomar nuestra vida donde la dejamos.

- Perdón por mi franqueza, señor, o mejor dicho, Rudolph. Pero sabemos que nada volverá a ser igual, porque muchos cambios ya se han producido en nuestro país. ¡Mira lo que le está pasando a mi pueblo, a quienes se les ha puesto la vida patas arriba!
- Hanna permaneció en silencio, lamentando la audacia de mencionar tales hechos a un nazi que, por signo, debería

confundirla como una persona alienada sin la capacidad de comprender lo que sucedía a su alrededor.

- Es cierto y lo siento por eso. Sepa que, al comienzo del conflicto, nosotros, en el ejército de Hitler, creíamos que estábamos haciendo lo correcto, exactamente lo que se esperaba de nosotros.

Por supuesto, muchos todavía piensan de esta manera, a pesar de que hay quienes ya se han quitado la pesada venda de los ojos y pueden ver los vergonzosos absurdos cometidos en nombre de la "purificación de la raza aria": un disparate total, lo confieso.

- Es extraño escuchar este tipo de confesiones por parte de uno de los seguidores del nazismo. Sin embargo, y ni siquiera sé por qué, te creo - confesó, llenando de esperanza el corazón del capitán.

- No te imaginas lo agradecido que estoy por tu comprensión – Rudolph sintió que le habían quitado un enorme peso de encima.

El entusiasmo se había apoderado de ambos y del entorno, la animosidad común que debería haber existido entre aquellos representantes de pueblos opuestos no encontró campo en la mente de los dos jóvenes enamorados. Una pequeña grieta de luz se abrió en el terreno de probables hostilidades mutuas, inundando todo el planeta con la paz y la comunión consagradas por la fuente fenomenal del amor y de la felicidad. Se trataba apenas de dos hijos de Dios, entre los millones de víctimas del odio, abiertos al entendimiento; sin embargo, para las fuentes benéficas que componen la orquesta de lo divino, la semilla del amor germinó protegida y segura, el florecimiento sería seguro. Quizás en tiempos venideros, porque allí, en ese momento, continuaba la lucha entre el bien y el mal.

Cada mente que se dirige al camino iluminado que Dios prepara para todas las criaturas se convierte en una victoria incomparable para todos los espíritus involucrados en eliminar de la oscuridad todas las formas de locura. Partiendo del principio espiritual que nada es casualidad y que la coincidencia no existe - en el sentido habitualmente entendido -, el encuentro de los jóvenes cumplió un terrible plan de reencarnación con compromisos muy serios en tiempo pasado de ambos, el riesgo de derrota fue muy considerado dada la realidad que enfrentaron en el doloroso camino, pero a la luz de la conciencia cristiana ya estaba presente.

Treblinka I, ese día, no experimentó una atmósfera totalmente invasiva, porque las vibraciones amorosas que surgieron en los corazones jóvenes suavizaron la hostilidad permanente que destilaba dolor y lamentos. El descubrimiento fue más allá de las sensaciones, y la pareja intercambió información y confidencias como quien cruza un campo minado con sumo cuidado, temiendo ser alcanzado. Poco a poco se fueron revelando e invadiendo la intimidad del otro.

¿Cómo explicar el comportamiento humano ante la existencia de un sentimiento tan puro en las peores adversidades de la vida?

Rudolph habló todo sobre su vida, sus sueños y, sobre todo, sus miedos. Se comportó como alguien en su primera cita amorosa y no habría dejado de hacerlo si no hubiera sido el objetivo de los nazis. Para mantenerla a salvo, el joven capitán sería capaz de cualquier sacrificio.

- Te conté todo sobre mi vida, ahora te toca a ti – esbozó una leve sonrisa, como no lo había hecho en mucho tiempo, llenando de luz su hermoso rostro.

- No tengo mucho que decir. Mi vida siempre ha sido normal. Nací y crecí en Berlín hasta que mi padre murió, víctima de un infarto masivo, dejándome económicamente con sus negocios de joyería, que han prosperado enormemente. Pero su partida, además de dejarnos huérfanos, abrió un vacío infinito en nuestras almas. Yoseph, mi hermano, había aprendido el oficio de joyero de papá, lo que facilitó la continuación del negocio familiar. Mamá, muy abrumada por la tristeza, nos llevó a buscar ayuda del rabino Abraham, quien nos aconsejó cambiar de ciudad por un tiempo. Así lo hicimos. Nos mudamos a Hamburgo con la intención de empezar de nuevo nuestras vidas lejos de los recuerdos que dolieron y martirizaron a mi madre. Yoseph continuó la producción de joyas y relojes. Yo entré en la universidad, en la carrera de Historia, soñaba con enseñar; me conmovían los recuerdos de un pasado reciente. Estaba en el cuarto semestre del curso previsto cuando recibí el segundo golpe de mi vida: tanto a mí como a todos los judíos se nos impidió asistir a la universidad y mi sueño de ser profesora fue pospuesto. Estas fueron las primeras medidas nazis contra nuestro pueblo, iniciando una feroz persecución que pronto reveló su terrible rostro. Estalló la guerra y nuestras vidas, con las innumerables restricciones dictadas por Hitler y sus seguidores, se volvieron más difíciles. Luego vino otro error: confiar en la falsa protección alemana. Y, creyendo en ello, quedamos, incluso después de ser capturados desde el interior de nuestra casa, como si fuéramos delincuentes comunes. ¡Nunca olvidaré ese domingo! - Un largo y triste suspiro silenció la suave voz por un momento -. Mamá, Yoseph y yo esperábamos la llegada del rabino ese día, vendría de Berlín a visitarnos. Antes que llegara, nos sacaron a la fuerza después de ver que todas nuestras pertenencias eran saqueadas. Nos llevaron a un departamento de la Gestapo, nos ficharon y nos llevaron a la estación donde tomaríamos el tren que nos llevaría hasta el "Treblinka Prometido." Hasta el final de la línea, más precisamente en el momento de la separación, todavía creía en las promesas dichas por un miembro de la Gestapo, minutos antes de abordar, encontramos al rabino en la estación esperando el mismo tren.

Según nos contó, también lo arrestaron una cuadra antes de llegar a nuestra casa, sin tener la oportunidad para explicaciones, fue llevado para ser conducido al mismo destino que el nuestro. Al "rabino" Abraham se le impidió informar a su familia sobre su nuevo e impuesto paradero.

    Rudolph escuchó en silencio el relato de la joven, consciente que ella no exageraba en su narración de los hechos, especialmente respecto de los brutales actos que recibieron por parte de miembros de la policía política. Atento, observó el shock que aquellos recuerdos causaban en la bella mujer, quien ahora tenía los rasgos más bellos que jamás había visto completamente transformados con cada descripción. Tenía ganas de abrazarla y cubrirla de besos, como si tal gesto borrara de aquel corazón sufriente todas las notas tristes grabadas en la dulce alma. Prefirió abstenerse de seguir sus impulsos y, avergonzado, se limitó a decir:

- Olvidemos esta conversación. ¡Ya sé bastante sobre ti!

Ella asintió y el foco de la conversación se desvió hacia temas más banales, y durante el resto de ese día permanecieron más reservados, mientras ambos cumplían con sus deberes.

Los primeros días transcurrieron con normalidad para ambos. Hanna cumplió con sus deberes y con todas las órdenes recibidas del joven oficial nazi. Sin embargo, el sentimiento mágico que los llevó a una explosión prevista de votos y entregas fue contenido a un gran costo por la pareja. Con cada hora que compartían juntos, la certeza que se amaban ganaba más fuerza y confianza.

No pasó mucho tiempo para la dulce ruptura de ese amor prometido. Apareció, como un día lleno de luz y movimiento superando la oscuridad de la noche interminable.

Era una noche fría, como muchas en Europa en esa época del año. Horas antes de retirarse, después de un día ajetreado y ocupado para Rud, la joven judía comenzó a mostrar los primeros signos de un resfriado. Un fuerte malestar se instaló en la frágil estructura de Hanna y, con sumo esfuerzo, terminó sus deberes de ese día. Postrada, apenas podía sostenerse sobre sus propias piernas. Le palpitaba la cabeza y su cuerpo febril ahora parecía arder como un carbón encendido, ahora se enfriaba como un iceberg.

El amante asistía a una reunión en el campo cercano y permaneció alejado muchas horas y, cuando regresó, ansioso por volver a ver a su amada, tuvo mucho miedo al encontrar a la joven tan abatida.

Cuando escuchó el sonido de la llave girando el tambor de la cerradura, Hanna, en un esfuerzo hercúleo, quiso levantarse de su cama, en un intento de no demostrar su ya tambaleante estado de salud, el intento fue desastroso, como lo demostró claramente la joven, signos de debilidad, siendo repentinamente superada por un vértigo que la hizo desmayarse segundos después.

Cuando despertó, su cuerpo estaba desnudo y presionado contra el de Rud. Los dos compartían la misma cama. Sin recordar la repentina enfermedad que la había golpeado, trató de liberarse de los fuertes brazos del oficial que la rodeaban por completo.

- Cuando llegué estabas ardiendo de fiebre y te desmayaste cuando intenté levantarte. Noté la temperatura alta y ni siquiera pensé detenidamente, te quité la ropa y te llevé a un baño tibio. Bueno, lo único que se me ocurrió en ese momento - Rud justificó el hecho que ella estaba desnuda en sus brazos -. ¡No te esfuerces y descansa, déjame cuidar de ti! - dijo muy suavemente.

- ¡Ya me siento mejor, gracias! - Respondió ella, avergonzada y agradecida.

Se puso la mano en la frente para comprobar una vez más la temperatura corporal que antes tenía fiebre y descubrió que la temperatura había vuelto a la normalidad. Él suspiró más aliviado, mientras ella sonreía agradecida.

La proximidad de los cuerpos; en el ambiente reinaba el silencio; su respiración era dificultosa; bocas sedientas de pasión se cerraron una sobre la otra, el primer beso fue largo y apasionado. Las caricias se intercambiaron y el deseo explotó. La búsqueda, la entrega tranquila y el amor cumplido.

El amanecer estaba rompiendo el cielo nocturno. Rud y Hanna todavía se amaban. Amanecería otro día, pero diferente a los demás, porque ya no estaban solos...

La única frase que se escuchó entre aquellas cuatro paredes selló para siempre el reencuentro de las dos almas que se completaban...

-¡Hanna, te quiero mucho!

- Yo también te amé desde el primer segundo y te amaré toda la vida, Rudolph.

- ¡Y yo más allá de ella!

Capítulo VIII
ENTRE EL CIELO Y EL INFIERNO

Las siguientes semanas transcurrieron en el mismo ambiente romántico, el tiempo pasó rápidamente para los nuevos amantes que no escatimaron en cariño y noches de amor. Según lo acordado, la pasión fue contenida en público, evitando disgustos inesperados. Así, ante el equipo de oficiales, Hanna era utilizada únicamente por Rud.

El campo de concentración estaba bajo la responsabilidad de Kristof Kochhan, segundo comandante, recientemente trasladado desde otro campo en Alemania. Un hombre fuerte y decidido; sin embargo, más maleable que el temido Kurt, el primer comandante, que estuvo ausente y pasó días en el campo anexo. El lugar vivió días decisivos, aunque oscuros para después, con el gran número de prisioneros que sucumbieron cada día en las cámaras de gas.

Las tropas nazis comenzaron a sufrir bajas diarias, desde el enfrentamiento con los rusos - el ejército rojo - en los primeros días de ese año. Hubo cierta agitación en la cumbre del Reich con las noticias poco alentadoras contenidas en los informes elaborados por los espías. Rudolph estaba preocupado con el resultado de esa guerra, más aun con el destino de su amada. Sin ver otra salida, planeó una manera de sacarla de Treblinka, sana y salva.

El miembro más confiable del Reich, Drauus Weber, miembro del grupo opuesto a la ideología de Hitler, le garantizó ayuda durante la reunión rápida cuando estaba allí para trasladar a algunos prisioneros. Mientras planeaban qué hacer, el oficial buscó en los brazos de Hanna experimentar cada segundo del verdadero amor que sentía.

Para la pareja solo existía el hoy, porque, dentro de aquel aterrador cuadro, no había ninguna posibilidad de ver un futuro determinado. Cada momento juntos era único y exclusivo, especialmente para él, quien tenía cuidado que su amada no se diera cuenta de la carnicería que ocurría cerca de ellos. Ella, a pesar de estar completamente entregada al amor que surgió de forma tan inesperada, no olvidó ni un solo día de la familia rota en el mismo escenario donde conoció al hombre de su vida. Sin embargo, confiaba en la promesa que le hizo que todos volverían a reunirse la dejó más tranquila, pues, para tranquilidad del capitán, Hanna no evaluó el verdadero objetivo de la llegada diaria de tantos judíos al campo adjunto. Si bien era una mujer inteligente y al tanto de los acontecimientos de su país y del mundo, el confinamiento le imposibilitó conocer la realidad de lo que sucedía a su alrededor.

Con poder hipnótico y carácter malvado, el dictador jugó con el destino y suprimió la capacidad de percepción de millones. Su capacidad para persuadir a la gente a actuar según su voluntad fue un festín abundante para las fuerzas del mal que aprovecharon el fácil acceso que permitía la mente loca de Adolf Hitler, y que, asociado a otras mentes manipulables, hicieron que el período de la Segunda Guerra Mundial se convirtiera en uno de los más tristes en la Historia Moderna. Superando al de la Inquisición en cuanto a número de desencarnaciones.

El miedo a ser descubierto surgió poco después de las primeras derrotas sufridas por el ejército nazi y la única forma de protegerse del contraataque comenzó a ser estudiada por los autores intelectuales de la masacre y eliminar las pruebas sería el siguiente paso a dar. Paralelamente a toda esta dinámica, Rudolph también comenzó a organizar la expulsión de Hanna de ese lugar maldito. En sus planes quería sacarla del campo lo más rápido posible y colocarla en un lugar seguro para que, en un futuro próximo, los dos pudieran reencontrarse y así vivir el amor en toda su plenitud. Noches y días seguidos llevaron al joven nazi a trazar en secreto un plan de fuga para su amada. Sería el único camino a seguir; sin embargo, por mucho que planeara, carecía de los medios para alcanzar el éxito.

Fue en un instante, según creyó, que surgió la idea de pedir ayuda a la tía Bertha. Solo ella podría mantenerla a salvo durante el tiempo que necesitaron estar separados. Sin embargo, la sugerencia que había recibido Rudolph no fue fruto de la casualidad, sino más bien del esfuerzo de los amigos espirituales, quienes lucharon incesantemente para salvar a todos los involucrados con méritos adquiridos bajo la ley de causa y efecto, y Hanna era uno de ellos.

Pero ¿cómo abordaría usted a la joven acerca de este grave asunto? - Él pensó.

Entre ellos se produjo una situación delicada, de riesgos incalculables, porque necesitarían abrir su corazón y decirse la verdad o parte de ella. Rud avanzó hacia su habitación sin encontrar la manera de disimular la angustia que lo dominaba a cada paso. Estaba viviendo un momento decisivo en su vida, por otro lado, la felicidad más intensa con su elegida. Los caminos tomados por la guerra enturbiaron las predicciones más optimistas, y no pudo cruzarse de brazos y conformarse a los resultados que su corazón vaticinaba. No pensaría ni por un segundo en impedir el sufrimiento de alguien que profesa protección absoluta. De este modo, omitiría los detalles que la llevarían a quitar el velo protector sobre ciertas verdades sobre las actividades en Treblinka, lo que finalmente la arrastraría a una orientación adecuada sobre el verdadero destino de su hermano y su madre.

Como si quisiera quitarse un enorme peso de encima, un terrible acusador de su conciencia, Rudolph suspiró profundamente antes de abrir la puerta y encontrarse con su amada. Ella ciertamente lo estaba esperando, ajena a la nube oscura que los rodeaba e incapaz de captar los cambios que estaban a punto de ocurrir.

Cuando lo vio, sonrió y sus ojos brillaron con la alegría de su llegada. Un recibimiento conmovedor que le hizo olvidar, por breves instantes, la responsabilidad que pesaba sobre él durante los últimos días. Y en un abrazo apasionado siguió luego de muchos besos, ambos, una vez más, se entregaron a sus necesidades emocionales, cuya química los fusionó, mezclándose en ellos la más profunda rendición.

El tiempo debe detenerse, manteniendo a los amantes en esa fascinación contagiosa y duradera, sin dar paso a los dilemas que la vida impone a todos los seres humanos. Sin embargo, para todos se alternan buenos y malos momentos se entabla en una dinámica feroz sin permitir ninguna regresión, porque por cada decisión hay una renuncia y Rud debería renunciar a la gentil compañía. Ese era el precio que tendría que pagar para verla con vida. Y, por mucho que sangrara su alma con la providencial separación, encontraría fuerzas para seguir sin ella, contando con la suerte de reencontrarse pronto con ella.

Llevado por la magia que le provocaba la proximidad de la bella semita, el capitán se animó a informarle de sus planes. Los dos compartieron cama tras la explosión de deseo. Luego tomó la delicada mano de Hanna, fijó sus ojos en los de ella y habló.

- ¡Necesito hablar contigo, mi amor!

-¿Pasó algo, Rud? - Estaba preocupada por el tono de voz que usaba.

- Todavía no. Pero no lo sé a partir de ahora. No me arriesgo a darte garantías de un futuro mientras estés en este lugar - el capitán buscaba las palabras más suaves que aliviaran la angustia de ese momento -. Estamos pasando por un período muy complicado aquí, en el campo de batalla y en toda Alemania. Quizás los resultados de la guerra no son lo que esperábamos hace poco tiempo, entonces... - una pausa para explicar la situación sin revelar las muertes masivas. Tendría que mentir para salvarla -. Están trasladando judíos a otros lugares. Como tú también eres judía, temo que te aparten de mí, como lo están haciendo con los demás.

Hanna rápidamente se sentó en la cama, colocándose frente a su interlocutor. Un miedo indescifrable, la dirección de esa conversación la dominaba, una densa nube flotaba en el aire y Rud intentó con todas sus fuerzas disiparlo, aunque su rostro oscuro anunciaba una gran amenaza para ellos.

- ¡Estás intentando decirme algo, pero te enfrentas a dificultades! Se habla de una nueva reubicación de personas; momento difícil. En última instancia, plantea la posibilidad que la guerra nos separe. Por favor, Rud, dime qué está pasando para poder ayudarte.

- He perdido la paz estos últimos días. Ha sido casi imposible aceptar que nuestra rutina vaya a cambiar - habló con la voz entrecortada -. Ha surgido un fuerte apego desde que la conocí, lo que me hace sufrir mucho al saber que tendremos que estar separados por un tiempo indefinido.

Tú, Ted tienen que abandonar el campo lo más rápido posible y lo peor es que tenemos que huir. He planeado esto durante días y solo hoy me di cuenta de lo difícil que será estar lejos de tu cariño, de tu amor y de tu presencia: la que me trajo esperanza en la vida, ¡amor mío! - la abrazó fuerte y los dos lloraron juntos por la tristeza de la nueva realidad.

- ¿Y tiene que ser así, querido? - Preguntó, asustada por la decisión de Rud de sacarla de su vida por el maldito conflicto que solo le trajo pérdidas a su vida, sin mencionar la destrucción oculta de la familia Yochannan, provocada por el gas mortal de las cámaras del campo adjunto.

- ¡No tenemos otra salida! Para que podamos vivir nuestro amor sin sufrir persecución, necesitaremos sacrificarnos ahora, porque si te quedas aquí, corres riesgos.

- ¿Qué tipo de riesgo?

- Todos. Estamos en guerra y eso es suficiente. Soy oficial y disfruto de ciertas ventajas. Pero tú, por mucho que te proteja con mi amor, no será suficiente para mantenerte a salvo. Y yo moriría si te pasara algo malo sin hacer nada para evitarlo. Por tanto, tengo la astucia de actuar a tu favor. Te pido tu apoyo y te prometo que la separación será solo por poco tiempo. Te encontraré pronto. Confía en mí, por favor, mi Hanna... - suplicó.

- ¡Siempre confiaré en ti! Pero, ¿a dónde me llevarán? ¿Me llevarás? ¿Y mamá y Yoseph irán conmigo? - Fueron muchas dudas que surgieron de repente.

- Cálmate. Ya tengo todo planeado. Irás a Hamburgo y estarás bajo el cuidado de mi tía Bertha. Te daré una carta que le escribiré explicándole todo. No te preocupes, porque estarás justo en compañía de la tía y seguro que se entenderán. Cuando te conocí entendí por qué la dejé en su responsabilidad. Me reuniré contigo tan pronto como se normalice la situación en el Reich - detuvo un momento la explicación. En cuanto a tu madre y tu hermano, lo siento, ¡pero no puedo mentirte! Recibí noticias, de fuentes confiables, que los dos fueron trasladados, hace tres días, a otro campo en Alemania. No he olvidado la promesa que te hice de volver a reunirlos. Así que ten un poco más de paciencia, que es solo cuestión de tiempo... - una vez más el capitán mintió sobre las muertes de Martha y Yoseph. Y por eso se sentía sucio, indigno de la confianza de la mujer que amaba. Pero cómo decir la verdad en un clima tan difícil. Ciertamente habría otras oportunidades de decir la verdad.

-¡Seré paciente, mi amor! Te extrañaré tanto como a ellos - confesó, secándose las lágrimas que insistían en caer.

El capitán, poseedor de una fuerza íntima que no se dejaba enojar por casi nada y estaba acostumbrado a vivir las situaciones más adversas, lamentó también y abrazó a su ser querido.

El destino de la pareja estaba echado. La separación era cierta, y el sufrimiento ya hacía estragos en los corazones jóvenes, sin permitir que la entrega al amor, esa noche, fuera completa y verdadera. Hanna se durmió horas más tarde, mientras Rudolph luchó con los cambios impuestos por los ideales nazis. La mayor angustia para él fue no saber lo insoportable que sería estar lejos de su amada. Le picó y la miraba mientras ella dormía, acurrucada en sus brazos. Acarició su largo cabello y su piel sedosa, a pesar de la falta de cuidado; la besó varias veces seguidas. Las lágrimas fueron contenidas con gran dificultad. Un dolor gigantesco pesaba sobre su alma afligida.

El sueño lo había abandonado y la soledad aparecía como un presagio de la amarga pesadilla que viviría. Se liberó de su amada, se sentó a la mesa y con profunda tristeza escribió una larga carta a su tía Bertha.

Capítulo IX
EL TRISTE ADIÓS

Cuando el oficial tuvo conocimiento que utilizarían el traslado de algunos judíos, aprovechó para poner en práctica el plan de fuga. Buscó a su amigo Draaus, responsable del traslado, para hacerle la petición más importante: incluir a su ser querido en la lista de quienes serían trasladados.

Draaus ayudó a incluir a Hanna en el plan de fuga de algunos judíos, previsto para esos días. Se conocían desde sus días escolares en Berlín, pero su amistad se solidificó durante las primeras batallas en el frente. La complicidad y la confianza se moldearon con su entrada en el grupo opuesto al nazismo; sin embargo, fueron eliminados tras el traslado de Rudolph a Treblinka, aunque se mantuvo la misma voluntad de contrarrestar las sanciones impuestas por el ejército alemán. La fuga que planearon, a pesar de ser arriesgada, surgió como el único medio de compensación por tantas muertes y males cometidos contra los perseguidos.

La noche fue larga y sirvió para ultimar los detalles del plan de fuga trazado con la ayuda de su amigo Drauus. En la carta escrita a su tía había depositado todo el dolor que vivía en su corazón sufriente y toda la esperanza en el futuro de su amada. Por eso enfatizó el pedido de apoyo para Hanna. Cuando terminó de escribir, lo dobló sin revisarlo, porque temía que le faltaría el valor para enviárselo al destinatario, cuya valentía salvó a muchas víctimas amenazadas.

Hanna formaba parte de una breve lista de prisioneros cuidadosamente elegidos para la fuga que se produciría en unos días. Serían retirados del campo adjunto como si se tratara de un traslado común y, a cierta distancia del camino, se dispersarían y solo la protegida de Rudolph, vestida con uniforme nazi, seguiría con Draaus hasta Hamburgo para ser entregada al cuidado de la mujer intrépida que se atrevió a enfrentarse al ejército del horror.

Todo estaba listo y no podía haber fallas. Porque, incluso si tuviera éxito, el destino de los agentes implicados no sería alentador. Rudolph era plenamente consciente de las consecuencias que sufriría y se arriesgaría sin dudarlo ni un segundo. Porque supuso un final cercano a aquella carnicería con desenlace humillante para los oficiales nazis. Por tanto, había un destino incierto para el rumbo de este amor inesperado. En su alma flotaba la sombra de una separación que no sería temporal: por muerte por traición o a manos de fuerzas aliadas. Pero, en cualquier caso, lo más íntimo de su ser vibraba con la posibilidad de liberar a la mujer que despertaba en él tales sentimientos profundos e inimaginables. Sacarla de allí resultó en preservarla de la cámara de gas que, como judía, tarde o temprano sería su fin.

Amaneció el día y el joven no se cansó de repasar todo el plan para ganar mayor confianza en el cumplimiento del principal objetivo de los participantes: salvar a los pocos semitas elegidos, como forma de aliviar su propia culpa por la muerte de tantos desafortunados. Quizás no fue suficiente; sin embargo, fue todo lo que pudieron lograr en ese momento. Sin embargo, entre las vidas que debía salvar, ésta era la más importante para él.

Recordó los pocos, pero intensos momentos que pasó en compañía de Hanna y vio lo feliz que estaba, como nunca lo había estado en toda su vida.

Desde donde estaba podía observarla dormir y durante varios minutos la miró fijamente, como si quisiera grabar esa dulce imagen para siempre. Sintió un inmenso malestar, una opresión en el pecho al saber que no tardaría en perder el privilegio de presenciar una escena así, común a todas las parejas que se aman y comparten sus vidas. Aquel era un derecho que no les correspondía, debido a la ignorante ilusión a la que estaba sometida la raza aria, completamente cegada por el orgullo y los prejuicios que provocaron grandes transformaciones en toda Europa; tomando mucho más que vidas *per se*, ya que destruyó sueños, interrumpió trayectorias, movilizó voluntades y aniquiló posibilidades. Sin embargo, todo mal aplicado tiene sus contratiempos, y como un hechizo poderoso con un resultado amargo, hizo una víctima inesperada entre muchas: un fuerte y poderoso alemán que, en lugar de estar orgulloso, se avergonzaba de la esvástica impresa en su uniforme. Dañina realidad por la que Rud y Hanna necesitaban pasar.

La joven semita pareció despertar. Tanteó la cama, aun adormecida, buscándolo y al no encontrarlo abrió la puerta con ojos asustados. En ese momento, Rudolph se dirigió en dirección a ella, esforzándose por no mostrar los signos de una noche de insomnio, pero fue en vano, porque su rostro delataba la noche de vigilia.

- ¿Te quedaste despierto toda la noche? - Preguntó al verlo acercarse.

- Sí, dormí muy poco. Aproveché para terminar los puntos que faltaban en el plan de escape.

- Esta fuga me da escalofríos. ¡Sería muy peligroso arriesgar tanto! ¡Temo por nosotros, especialmente por ti! - Dijo abrazándolo fuertemente -. No quiero irme. ¡Déjame quedarme a tu lado, por favor! - Suplicó.

- Estaremos juntos pronto y para siempre. Si hubiera una manera de mantenerte aquí, no te alejaría de mí. Dados los acontecimientos, no tengo ninguna duda que serás llevada a otro lugar, como está pasando con los demás judíos, sin que yo lo sepa, y no permitiré que eso suceda. De ahí la urgencia de la fuga, que organizamos con sumo cuidado. Todo estará bien. Estarás a salvo y no me pasará nada. Quédate en calma.

Dio garantías sin siquiera creerlas. Sabía de la gran amenaza que enfrentaba para ayudar a algunos judíos a escapar de Treblinka, ¿y cómo no enfrentarla de cualquier forma? Pocos judíos se beneficiarían y Hanna fue incluida en el último momento, haciendo todos los esfuerzos necesarios para asegurar el éxito de la arriesgada empresa, porque si permanecía en el campo de concentración poco o casi nada se podría hacer a su favor. Solo una certeza lo guio en esos momentos decisivos: renunciaría a su dulce presencia en sus días amargos durante la guerra, para verla libre del terrible destino que Hitler había trazado para el pueblo judío. Una vida no sería suficiente para demostrar la inmensidad del amor que sentía por ella y, si tuviera mil vidas, las daría todas si fuera necesario.

Para Rudolph, ella lo significaba todo y representaba lo absoluto, lo eterno. Era como si su amada fuera el brillo de cada estrella en el cielo y él fuera el vacío entre ellas.

Sin Hanna, nada sería y, por ello, se arriesgó a la visión de un futuro incierto, aferrándose a la esperanza de volver a encontrarla.

- Entiendo tu preocupación y me siento muy honrada por el amor que tu corazón me tiene. El rojo es verdad. Nunca, ni siquiera durante mi infancia, cuando soñé con el "príncipe encantado", pude medir la fuerza del sentimiento que tengo por ti, y si no fuera por la cruel realidad que vivimos en nuestro país, te haría el hombre más feliz del mundo!

Un ruido puso fin a la conversación, para hacer una confesión.

- Ya me haces el hombre más feliz...

- Tengo la necesidad de ignorar tus cuidados y quedarme aquí para afrontar todas las dificultades.

- ¡Desafortunadamente, esto no es posible! El único camino es la fuga. Sé lo que digo, créeme. Muchos judíos ya han sido expulsados y no sé qué dirección tomaron. Si esto te pasa, ¡seguro que me volveré loco!

- Eso es probablemente lo que le pasó a mamá y Yoseph – añadió Hanna entre lágrimas.

- Probablemente. Pero descubriré su paradero y los traeré de regreso a su comunidad... - sostuvo la mentira para no aumentar el sufrimiento de Hanna, aunque la conciencia acusadora le ordenó decir la verdad -. Dejemos de sufrir en el momento adecuado y disfrutemos el tiempo que nos queda juntos - finalizó besándola apasionadamente.

El tiempo que le quedaba a la pareja se apagó, implacable, indiferente. Entre planes y despedidas, votos y pactos lucharon por mantener viva la esperanza. Se acercaba el momento del adiós.

Draaus, encargado de llevarla a un lugar seguro, había llegado al campo adyacente en las primeras horas y, antes que amaneciera el día siguiente trayendo un vacío doloroso, Hanna ya estaría muy lejos. Con su amigo acompañó a un joven judío elegido para el papel de *kapo*; además de la nueva resolución escrita del Reich, concienciando al primer comandante de la urgencia de eliminar la mayor cantidad de prisioneros posible. Esto era exactamente lo que estaban esperando para poner en práctica el plan de fuga y, así, utilizarían la orden como excusa en el traslado de los judíos elegidos.

El universo parecía conspirar a favor de la eliminación del grupo más pequeño, y de cada uno de ellos dependería la supervivencia cuando consiguieran la preciada libertad. Justo Hanna seguiría adelante, por lo que ningún detalle descrito anteriormente podría fallar.

En la tarde de ese mismo día, mientras Draaus, seguido por el *kapo*, se presentaba ante Kristof, segundo comandante de Treblinka I, Rudolph y su amada hacían los arreglos finales. El ambiente era de tristeza. El silencio, angustioso. La pareja esperó el momento con inmensa consternación.

Hanna necesitaba parecer un hombre, por lo que Rud le cortó el largo cabello, que guardó cuidadosamente como un recuerdo vivo de la mujer que amaba y de todo lo que vivieron en el breve período de su pospuesta pasión. Sin valor para afeitarlos, prefirió dejarlos cortos.

Mantener las cabezas judías afeitadas era una práctica común en todos los campos de concentración para prevenir la infestación de piojos. Sin embargo, el cabello de las mujeres judías elegidas por los oficiales como amantes se mantuvo, conservando la gracia y la belleza femeninas, atributos escandalosamente explotados por los hombres solitarios de Hitler. Lloró abrazada a su amado cuando alguien llamó a la puerta. Por los cinco golpes consecutivos espaciados por cinco golpes continuos más, Rud reconoció a Draaus.

Suspiró profundamente antes de responder. El saludo nazi se mantuvo.

- ¿Cómo está, Capitán Rudolph Günter? - Preguntó Draaus de manera formal.

- Bien, en la medida de lo posible. Esperando con ansiedad las nuevas directrices del Reich - a la respuesta siguió un guiño disfrazado.

- La noticia que traigo hoy ya era esperada. Los comandantes, Kurt y Kristof, dieron su aprobación para su ejecución: la explicación superficial es adecuada para los profanos dentro del plan.

- No nos vamos a quedar en la puerta. ¡Por favor escribe! - Invitó a Rud. Y, mirando en dirección al joven, le preguntó por qué no se daba cuenta de su presencia allí ese día. ¿No me vas a presentar al chico nuevo?

-Ah, sí, lo siento. Adhan, el *kapo* que me ayudó en la expulsión de los judíos.

Rudolph saludó con un gesto y luego todos se acomodaron para charlar. Hanna, previamente orientada, se mantuvo alejada del grupo. Tres cuartos de hora después se despidieron con la promesa de volver a verse más tarde. Antes de salir de la habitación, Draaus le entregó un paquete a su amigo.

- ¡En respuesta a tu solicitud, te enviaron otro uniforme!

Con una sonrisa pícara de su amigo, recibió el paquete, sabiendo la verdadera utilidad del nuevo uniforme nazi.

La presencia del joven Adhan fue una novedad para el capitán Rudolph quien, intrigado, llamó aparte a su amigo antes de salir de la habitación.

- Draaus, ¿por qué trajiste un *kapo*?

Siguiendo los recuerdos de nuestro plan, no estaba incluido.

- Sí, es verdad. No encontré la manera de avisarte de antemano y, de hecho, la inclusión de Adhan se produjo en el último momento. Es un judío confiable y ayuda a nuestro grupo sobre los temas más riesgosos, si sabes a lo que me refiero.

Draaus se refería a las acciones del grupo contrarias a los ideales nazis. En este campo está el padre de Adhan, el médico judío que trabaja en el taller de carpintería. Él también está entre los que nos llevaremos de aquí esta noche. Adhan insistió en estar presente en el evento y se organizó un consejo de último momento para resolver el problema. Como no había tiempo para convocarlo, decidimos juntos. Iba a ganarte, pero tú me ganaste. ¡Se aceptan aclaraciones, Rud!

Los primeros minutos de la mañana siguiente.

Había llegado el difícil momento de la separación y los jóvenes enamorados parecían estáticos al darse cuenta de su separación. Hanna huiría del campamento y del riesgo de encarnarse como los demás cautivos.

Con el uniforme nazi, Hanna realmente parecía más bien una oficial del Reich. Todo estaba listo y el pequeño convoy partiría después que se abriera la puerta principal.

La joven pareja aun se encontraba dentro de la habitación disfrutando de los momentos finales de la despedida. Todo lo que Rud quería era retenerla y nunca permitirle irse. Sin embargo, era una cuestión de supervivencia y su vida era más importante que el sentimiento de posesión y apego. Para la judía la desesperación no era menor, y era necesario sacar toda su fuerza interior para aceptar la situación obligados por las circunstancias que enfrentaron.

Con el rostro entre las manos, el capitán la besó repetidas veces y las palabras le salieron ahogadas.

- Ten mucho cuidado durante el viaje, mantente alerta y no dejes que se revele tu verdadera identidad - recomendó mientras sacaba un sobre de su bolsillo. Esta es la carta que debes entregarle a la tía Bertha. Léela tan pronto como estés a salvo. Contiene toda nuestra historia y lo más importante: la solicitud de proporcionarte documentos falsos y enviárselos a mis tíos, que viven en Brasil - al ver la expresión de sorpresa que la tomaba de repente, Rud hizo un gesto pidiendo calma y continuó -. Tan pronto como sea posible me uniré a ustedes. ¡Encontraré una manera de hacer esto, incluso antes que termine esta maldita guerra! - Hubo silencio por unos segundos -. Ahora no digas nada más y abrázame fuerte. Quiero sentir tu calor una vez más.

Hanna obedeció. Besos apasionados y promesas, el mundo que los rodeaba dejó de existir hasta el momento en que Draaus se acercó, devolviéndolos a la realidad.

- Amigos, lamento interrumpirlos, pero acaban de liberar nuestro pasaje y debemos partir antes que nuestro plan encuentre obstáculos importantes en el camino - el referéndum se debió a la calma que reinaba en la localidad en esas primeras horas del mañana cuando se produciría el cambio de guardia desde los campos de Treblinka.

- ¡Estás lleno de razón! Todos los horarios serán cronometrados y debemos respetarlos.

Volviéndose hacia su amada, la miró a los ojos y pareció leer el Alma femenina sufrida. Por impulso, se quitó la cadena alrededor de su cuello, un regalo de su madre, cuyo colgante tenía una foto de él vistiendo el uniforme:

- Llévalo contigo y solo devuélvemelo cuando nos volvamos a encontrar. Y una promesa que nos quedaremos juntos.

- No puedo... - soltó Hanna -. Fue tu madre quien te lo regaló.

Al ver la desaprobación de Rud ante su negativa, se rindió y recibió el regalo como un tesoro valioso que llevaría consigo para siempre.

Capítulo X
LA ESCAPE DE HANNA

El convoy partió llevando a los elegidos a una valiosa libertad. Hanna siguió adelante, rompiendo el corazón del joven oficial nazi. Los lindos momentos de amor quedaron atrás y solo quedó la esperanza de un reencuentro y un nuevo comienzo sin tantos obstáculos como el odio y el racismo.

El dolor los acompañaría a ambos y el nuevo amanecer les enseñaría a vivir separados. Pero, ¿cómo vivir lejos del gran amor? ¿Cómo viviría sin la otra mitad que completó y llenó el vacío de los días de la guerra?

Varios y confusos pensamientos ocuparon la mente de Rudolph: sería la primera noche, desde el día que la conoció, que la pasaría solo. Ya no encontraría la paz, porque los tormentos del anhelo lo herirían intensamente. Conociendo las dificultades que enfrentaría al alejarse de la mujer elegida para hacerlo feliz, odiaba la separación. Sin embargo, era consciente que ella ya no estaba a su lado en su intento de sobrevivir al horror que estaba por llegar. Experimentó el sentimiento de pérdida. Sin embargo, sabía que era la mejor solución porque, de lo contrario... Con tales pensamientos regresó a su ahora solitaria habitación.

- Finalmente mi Hanna logró escapar de las garras de la muerte. Lo que extrañaré será mi alivio por la certeza de su supervivencia - pensó mientras se dirigía hacia el alojamiento.

A medida que los minutos se convirtieron en horas, aumentando la ansiedad de Rud, los fugitivos, al no encontrar barreras, llegaron al punto en el bosque según lo planeado previamente. Sin perder mucho tiempo en despedirse, rápidamente escaparon hacia el denso bosque. Con un destino incierto, solo contaron con la suerte y las pocas condiciones físicas para afrontar el frío y el hambre hasta que fueron rescatados por los judíos de la resistencia que allí se escondían. Era el sueño de la libertad, cuyo precio podía ser la muerte encontrada durante el viaje lleno de dificultades o, peor aun, ser superado por los nazis que pudieran encontrarse en el camino. Todos los prisioneros, a excepción de Hanna, estaban dirigidos por el *kapo* Adhan.

El uniforme nazi pesaba mucho y ella se sentía sucia y traicionando las tradiciones de su pueblo. Solo el amor infinito que sentía por Rud pudo hacerla ir más allá de todas las convicciones conservadas a lo largo de su vida. Nunca en ninguna otra situación que esa le llevaría a disfrazarse de oficial del ejército alemán.

Ideas confusas y recuerdos vívidos flotaban en su pensamiento: recuerdos vívidos del amor vivido tan plenamente, mientras en su alma, una mezcla de dolor y vergüenza.

La tan necesaria transformación atacó sus raíces judías. Confiaba plenamente en su amado, razón por la cual había aceptado ese disfraz.

El pueblo de la hermosa judía se había convertido en esclavos pasivos de la locura alemana inventada en esa guerra. Antes solo había envidia por el enriquecimiento de los semitas, considerados analfabetos por los alemanes. Tal codicia se había expresado de manera tan violenta e inhumana, dada la forma indiferente en que eran tratados por quienes compartían la misma nacionalidad que la mayoría de los judíos en Europa. Muy pocas personas emigraron allí en busca de un futuro más seguro y feliz; es decir, la mayoría nació en ese continente. Las víctimas que albergaron odio en esa década se contaron por millones y entre ellas se encontraba la familia de Hanna.

La imagen de los dos miembros desaparecidos resurgió en sus recuerdos. Quizás, la fugitiva ya intuía que algo terrible les había sucedido a ambos, pero en nombre y respeto por el amor que sentía por Rudolph, prefirió confiar en la noticia que le anunciaba, aunque omitía la verdad para protegerla del sufrimiento.

Independientemente de las buenas intenciones, la omisión no deja de ser una mentira, cuya consecuencia es siempre perjudicial en cualquier tipo de relación y se convierte en una mala hierba en el hermoso y florido jardín de la comprensión, capaz de destruir la confianza y provocar desencanto.

El viaje continuó hasta bien entrada la noche para el alemán y la mujer judía que todavía vestía el disfraz de oficial nazi. Los primeros rayos de Sol aparecieron sobre la Europa destruida y todavía caminaron por suelo polaco y el silencio reinó casi todo el camino. Se detendrían en un punto estratégico, un antiguo edificio parcialmente destruido por los bombardeos y muy utilizado por los judíos que huían hasta que las SS tomaron el lugar y lo transformaron en una base nazi que finalmente fue ocupada por soldados de primera línea. Ese sería un lugar más apropiado para un breve descanso.

El grupo opositor a Hitler conocía cada rincón de Polonia, y se convirtió en un lugar utilizado por los soldados para descansar y tratar las heridas adquiridas durante los combates. Allí, nadie tenía el tiempo o el interés de insistir en los detalles de otras personas, por lo que sería más seguro mantener en secreto la verdadera identidad de Hanna.

Las pocas palabras intercambiadas a lo largo del recorrido se hicieron aun más escasas durante la estancia en esa parada. Sin levantar sospechas, la joven permaneció en silencio y algo apática, al igual que las demás.

La atmósfera pesada que flotaba en el aire era natural de la del combate. Eran raros los que mantenían una simple charla, porque su atención estaba centrada en el riesgo de un ataque en cualquier momento. Solo se repetía a menudo una frase y ella, aunque íntimamente trastornada, la obligaba a también utilizar el viejo y conocido saludo utilizado entre ellos - "Heil Hitler" - exaltación al dictador lunático, un saludo repugnante que nunca dejó de representar la elevación del mal sobre la raza humana.

A Draaus le sorprendió la postura equilibrada del forajido. Debería protegerla a petición de su gran amigo, hasta que estuviera a salvo en su escondite en Hamburgo. Sin embargo, no pudo evitar sentir lástima por ambos, cruel destino que los llevó a una separación forzosa, cuando sería natural tener derecho a vivir ese amor libremente. Al igual que Rud, también se engañó a sí mismo cuando decidió alistarse y blandir el arma de destrucción y tácticas inhumanas y exterminadoras. Agradeció despertar del triste letargo que dominaba su conciencia y haber encontrado otros oficiales que también estaban avergonzados y arrepentidos de ser parte de esa carnicería. Pensó mucho en las pobres víctimas que no tenían derecho a luchar por sus vidas. En su interior, admiraba la valentía que impulsó al pequeño grupo, del que él formaba parte, a intentar frenar tantos disparates. Por cada judío salvado, el sentimiento de victoria explotaba secretamente en su pecho. Condonando la imposibilidad de realizar el amor entre los jóvenes, porque prevé la dificultad del reencuentro que esperaban. Guiado por una fuerza intuitiva, sabía de antemano que probablemente se perderían unos de otros como casi todo en aquella guerra que quedó transformada en ruinas. También consideró la probabilidad que cualquier error cometido durante la fuga pusiera todo en riesgo. No podía despreciar esos pensamientos, que no le hacían acobardarse en absoluto. Seguiría hasta el final con la misión de salvar a la amada mujer de su amigo fiel, aunque le cueste la vida, porque su conciencia lo animó y lo llevó a seguir adelante.

    Unas seis horas después, tras recuperarse, se despidieron y se marcharon rápidamente. El viaje hacia la casa de Bertha se reiniciaría.

    Avanzaban; eran cuidadosos y en silencio, pero el silencio fue roto por Draaus, ansioso por saber un poco más sobre la bella y misteriosa judía.

    - ¿Cómo te sientes ahora, después de estar entre tus enemigos?

    Hanna pensó unos segundos antes de dar su respuesta. Su mente vagaba hacia los recuerdos aun muy vívidos del amado que había quedado atrás.

- No sé cómo definirlo exactamente. Aliviada que el disfraz haya funcionado, pero también siento que estoy traicionando mis creencias - suspiró con tristeza -. De hecho, lo que más me afecta en este momento es la distancia entre Rud y yo, que es cada vez mayor.

- Entiendo. Mi amigo no debería sentirse diferente. Confía en el destino, lo importante ahora es llegar al final planeado, porque eso es todo lo que queremos.

- Lo único que realmente quiero es volver a verlo lo antes posible. Para ello utilizo el poder de las oraciones con la intención que no nos pase nada malo a nosotros ni a él en ese campo.

- Entonces, te dejaré sola con tus oraciones - dijo Draaus cortésmente y luego guardó silencio.

Agradeciéndole en silencio, aunque todavía muy aprensiva, no estaba de humor para conversar.

El cansancio, el principio, volvía a aparecer, provocando una ligera somnolencia a la joven. No quería ceder a las súplicas biológicas, se frotaba continuamente los ojos en un intento de evitar el sueño. De repente, sacó de entre su uniforme el sobre que contenía la carta para tía Bertha.

Tuvo la necesidad de leerla, siguiendo las instrucciones de Rudolph durante la despedida. Temblando, abrió el sobre y sacó la carta; sin embargo, le faltó valor y, por unos minutos, permaneció mirando el papel doblado. Sin saber por qué, Hanna temió el contenido, además de sentirse una invasora, decidió quedárselo nuevamente.

Capítulo XI
EL ÁNGEL DE HAMBURGO

Finalmente, los fugitivos abandonaron Polonia y ya avanzaban hacia suelo alemán. El disfraz que llevaba la judía facilitó el viaje, manteniéndolas alejadas de las revistas comunes. Al ser dos agentes, el acceso fue fácil a las distintas barricadas que encontraron a lo largo del camino.

El paisaje que vieron cada kilómetro recorrido fue desolador. De norte a sur, las ciudades fueron destruidas casi por completo, lo que demuestra la necedad de los hombres, cuya sed de poder iba más allá del sentido común y de los sentimientos patrióticos. Muchas preguntas dormían en la mente de aquel pueblo orgulloso, con los "por qués" de tanto daño transformado en rompecabezas. Sin embargo, lo más duro fue el pésame por las millones de víctimas que sucumbieron. Una consecuencia natural de la inmensa locura del líder dictador, manipulador de masas, poseedor de una capacidad única de persuasión.

Solo quienes vivieron y presenciaron tal momento histórico tuvieron y tienen la capacidad de describirlo. Hanna sintió un gran nudo asfixiándole la garganta. Orgullosa de su nacionalidad, apenas podía aceptar lo que veía a su alrededor. Draaus, acostumbrado a la aniquilación de los lugares por los que había pasado, parecía más indiferente y lo único que podía esperar era el final de la arriesgada misión.

Siguiendo adelante, por caminos bombardeados, atajos y senderos entre bosques, superaron fácilmente todas las barreras militares que encontraron desde la salida de Treblinka hasta la ciudad de Hamburgo, llegando al lugar previsto, faltando solo unos pocos kilómetros para recorrer, a orillas de los ríos Elba y parte del río Alster.

En ese momento, Hanna lloró emocionalmente. Fue el regreso a su ciudad y los recuerdos surgieron fuertes de un tiempo que vivía en familia. El corazón de la bella fugitiva suplicaba volver a su casa confiscada, pero era consciente de los riesgos que correría si era capturada nuevamente por los nazis. Un pequeño momento ilusorio le hizo pensar que podría reencontrarse con su madre y su hermano en su antiguo hogar, tal vez en una escena común antes del conflicto: sentada a la mesa esperando su llegada de la universidad para comenzar la comida después de una breve lectura de un extracto de la Torá.

Una rápida retrospectiva se desarrolló en la memoria, como un traidor. Imágenes y recuerdos: gratos recuerdos del pasado que parecían lejanos, como los de la infancia, cuando aun no vivían en esa ciudad. Recordó a su padre trabajando, con extrema habilidad, el oro que transformaba en delicadas y deslumbrantes piezas, mientras enseñaba a su hijo Yoseph las primeras lecciones del oficio. Al final de la tarde, cuando aun era una niña de 10 años, todos se sentaban a escuchar a Martha, su madre, rasguear con precisión el hermoso piano y producir hermosas sinfonías con él.

Fue una época maravillosa, cuya memorable reunión familiar ya no existía. Todo eso empezó a cambiar con la muerte de su padre y quedó completamente devastado por la persecución de su pueblo, trabajador y fiel a sus tradiciones.

El copioso llanto preocupó al oficial que la acompañaba.

- Hanna, no te sientes tú misma, ¿eh? ¿Puedo ayudarte?

- Perdóname. El anhelo por mi familia me dominó cuando entramos a la ciudad. Viví aquí, en pleno centro, antes que nos llevaran a Treblinka. Los recuerdos me tomaron por asalto y no pude contenerme - respondió controlando su emoción, ya que no podía debilitarse en ese momento; no después de todo lo que enfrentaron para llegar allí.

- Me siento muy responsable del mal que hicieron las SS a tu familia y tantos otros - Draaus no sabía qué decir más que esas palabras.

- Nada más importa. Se acabó. Sueño con ellos todos los días y sigo creyendo en un reencuentro como me prometió Rud.

Sancionado, el oficial no pudo hacer ninguna mención de lo que acababa de escuchar, porque rápidamente comprendió que ella desconocía la muerte de su difunta familia, dato omitido por su amigo.

- Intenta descansar un poco, pronto llegaremos a la dirección que anotaste.

Aceptó la sugerencia y se acomodó lo mejor que pudo. Intentó relajarse un poco antes de llegar, pero su mente no encontraba la paz.

En un punto más alejado del área central, en una suave elevación, se levantaba una gran mansión, rodeada de vegetación y algo aislada del resto de residencias y edificios que allí se veían. La hermosa construcción tenía un estilo propio que se diferenciaba de las demás y presentaba detalles descritos por Rudolph: las puertas no ofrecieron resistencia, ya que las cerraduras habían sido rotas, probablemente en un ataque de los nazis. Tras el facilitado paso, quedó al descubierto un inmenso jardín habilitado con diversas plantas ornamentales, aunque su aspecto delataba la falta de cuidados necesarios para mantener la belleza y la naturalidad. En los muros exteriores de la zona frontal había marcas de bombardeos por todas partes, aunque insuficientes para sacudir su estructura.

El coche se detuvo frente a la puerta de entrada y los dos bajaron. No se notó ningún movimiento que indicara la presencia de personas en ese lugar. Parecía abandonado, sin vida.

Fue Draaus quien llamó a la puerta. Minutos después se abrió revelando una dulce y delicada figura femenina. Era una dama, cuyos rasgos faciales se parecían con su sobrino, Hanna palideció ante la similitud entre ellos.

Sin dejar entrever el pánico natural ante los oficiales de las SS, ella, sonriendo, los saludó.

- ¿A qué debo el honor de la inesperada visita de los apuestos oficiales a mi aislada residencia?

- ¿Sra. Bertha Günter Golim? - Sin esperar la respuesta afirmativa, continuó Drauus -. Permítanme presentarme: soy el capitán Draaus, amigo de su sobrino, el capitán Rudolph Günter.

- Sí, y por supuesto, Rud, el hijo de mi hermano Klaus. Hace muchos años que no lo veo. No creo que le haya pasado nada grave, ¿verdad?

- Muy seguro, señora. Se encuentra en Polonia cumpliendo con sus funciones.

- Creo que sí.

- Si nos lo permites, nos gustaría acomodarnos y explicarte por qué estamos aquí, respondiendo a una petición de tu sobrino que te trae un llamamiento importante - respondió evasivamente y continuó -. No temas, Lady Bertha, nuestra misión no es militar, sino completamente privada. ¿No nos invitas a pasar?

Bertha aun no entendía el motivo de la llegada de los oficiales y seguía confiada en las prácticas secretas que promovía en la mansión. Sin temor a que los descubrieran, cumplió con el pedido y cortésmente los condujo al interior de la casa.

Les ofreció té y, mientras lo preparaba, los dejó cómodos y solos. Desde la ventana lateral del gran salón se podía ver el río Elba y parte de la ciudad, donde también estaban presentes los signos de la guerra, ya que las huellas de la destrucción eran claramente visibles. Un contraste con la belleza natural de esa ciudad portuaria. Bertha regresó con té caliente y pan recién hecho.

- ¡Lamento no poder ofrecerte algo más fuerte para beber!

- No te molestes. Después del largo viaje, el té nos sentó muy bien.

Hanna permaneció en silencio todo el tiempo. Sin embargo, no desvió la atención de la admirable mujer, cuyo respeto y admiración ya existía desde que Rudolph contó la extraordinaria historia de amor, coraje y lucha por proteger a los judíos que huían de las atroces garras del nazismo.

La noble dama esperó la comida de la pareja y, apenas terminaron, reanudó la conversación, rompiendo el aburrido silencio.

- Estoy deseando saber de qué se trata la visita y la referencia sobre el llamamiento de mi querido Rud.

- Es un tema muy delicado... - volviéndose hacia Hanna dijo: ¡Preséntate, por favor!

Confiada, aunque nerviosa, la joven se presentó y ante el asombro de Bertha, que ya mostraba consternación ante la inesperada visita, se quitó el casco y el abrigo que formaban su uniforme, mientras le contaba sobre la fuga del campo de concentración.

Si no fuera por la presencia de un verdadero oficial, Bertha pronto creería en la muchacha, atribuyéndole el coraje y la audacia que admiraba. Sin embargo, temía que se tratara de una trampa tendida para finalmente desenmascararla.

Cada vez más firme, habló.

- No entiendo el chiste. ¡Qué historia es esta! ¿Invades mi privacidad y me cuentas sobre un romance entre mi sobrino, que es capitán de las SS, y una prisionera judía que escapó con otros judíos de un campo de concentración? ¿Dónde están los otros fugitivos? ¿Qué quieres de mí?

- Cree lo que te dijimos... - rogó Hanna. Eres la mayor esperanza para mí y para Rud. Te traigo la prueba concreta de lo que le fue revelado - con las manos temblorosas, le entregó la carta escrita por el hombre que amaba -. Porque él lo escribió. En ella seguramente encontrarás algún detalle que la convenza.

- ¡Señorita, espero que esté diciendo la verdad, porque ese tipo de bromas no se hacen! - Con el sobre en mano, se alejó unos pasos y comenzó a leer.

- Si me lo permites, me gustaría saber el contenido. Rud me autorizó a leerlo con antelación, pero preferí entregárselo antes.

Aun insegura, Bertha se sentó al lado de la joven y en voz alta empezó a dictar las palabras escritas en el papel.

Discretamente, Drauus se retiró, dando un paseo por el jardín, dejándolos tranquilos ya que era una cuestión familiar.

"*Querida tía Bertha,*

Te escribo estas líneas con la esperanza que lleguen sanas y salvas a sus manos. Estoy en Polonia, desempeñando allí trabajos administrativos en el campo de concentración de Treblinka. Mi padre Klaus se comprometió a mi traslado, después de los largos primeros años de guerra en frente. Siguiendo la vocación del abuelo Otto, me alisté en el ejército nazi creyendo que ayudaría en la construcción de una nueva Alemania, más poderosa e independiente. ¡Qué pueril de mi parte creer que es necesario exterminar para construir una nación que quedó muy sacudida en el conflicto anterior! Después de algunas batallas ganadas, me sentí cansado, y por qué no decirlo, disgustados por los medios cobardes utilizados contra los enemigos. En todo momento y de todas partes nos llegaban noticias de los graves acontecimientos, que para muchos parecían una gloria, para un pequeño grupo, incluido yo mismo, no eran más que una locura descontrolada proveniente directamente de la mente distorsionada del dictador alemán. ¡Que desgracia! Como resultado, el horror se extendió por todas las naciones y hay quienes se deleitan con tales sucesos.

Este es un breve informe sobre mi situación actual.

A pesar de gozar de plena salud física, no puedo pasar una noche tranquila y contribuyo a los delirios de nuestro Jefe de Estado. Pero, ¡cuando no quiero hablar de mí ni siquiera del nazismo, vengo a perturbar tu paz!

No hace mucho, obtuve permiso para visitar a mamá y papá y pasé unos días con ellos. ¡Momentos gloriosos! Alivió la falta que me hacen y viceversa. Sin embargo, para mi sorpresa, fui testigo de la gran transformación que se produjo en tu hermano respecto del odio y los prejuicios incitados en gran medida por mentes enfermas. Papá era otro hombre que dio orgullo y grandes lecciones de vida durante la breve interacción. Fue exactamente en esos días que tomé conciencia de tu unión con un judío y del amor que los unía. Desafortunadamente, el tío Kaleb ya no está con nosotros, porque sería un gran placer conocerlo. Me conmovió tu disposición a enfrentar todos los prejuicios para vivir el verdadero amor. Estoy orgulloso de ser tu sobrino, más aun después que descubrí tu compromiso de salvar vidas cuando la mayoría de la gente intenta eliminarlas.

Pues por eso me conmueve la certeza que no me fallarás en este momento en que te pido cobijo para mi amada.

Hanna, una mujer maravillosa que conocí en ese lugar de oscuridad, cuya existencia trajo luz a mis días oscuros. Necesito salvarle la vida y con pesar me separo de ella para, en una fuga arriesgada, entregársela a su cuidado, porque como Hanna es judía, temo por su integridad y supervivencia.

Te ruego tu ayuda a su favor. Pienso tomar la decisión más importante: abandonar mi vida militar para encontrarme con ella y asumir todos los riesgos inherentes a esta actitud. Confieso que llevo mucho tiempo pensando en desconectarme de esta locura, porque ya no puedo esperar a que termine el conflicto que parece no llegar nunca. Tengo la fuerte impresión que me convertiré en un hombre desequilibrado si me privo de la libertad que una vez tuve, porque servir, en este período tan turbulento, me siento como uno de los millones de prisioneros que yacen por la eternidad.

La presencia de Hanna me trajo paz y esperanza, pero nuestro amor, como el tuyo y el del tío Kaleb, está condenado por el loco prejuicio que limita nuestras voluntades. Siguiendo tus pasos tía, decidí huir y empezar de nuevo mi vida a su lado en Brasil, por eso me gustaría que prepararas todo lo posible y la enviaras a casa de alguno de tus hermanos, Gerald o Ludvick, Y en cuanto encuentre la oportunidad, seguiré el mismo camino. Pongo mis últimas esperanzas en tu comprensión y ayuda.

Sin más.

De su sobrino, Rudolph von Günter."

Bertha, muy conmovida por las confesiones leídas, abrazó a la joven con extrema ternura diciéndole:

- ¡Perdóname por desconfiar de ti, pero en tiempos de guerra hay pocos cuidados, sobrina mía! ¿Puedo llamarte así?

- Sería un honor - exclamó Hanna, conmovida por la carta y la acogida de aquella admirable mujer.

- Haré lo que me pide. ¡A partir de ahora estarás bajo mi protección! ¡Y que Dios nos ayude!

Se abrazaron, se emocionaron. En ese momento comenzó una gran y duradera relación de amistad, respeto y sentimientos.

Mientras tanto, en Treblinka I, el capitán Rudolph sufrió las consecuencias de la evasión ocurrida, al saberse que los prisioneros desplazados no habían llegado a su destino. Para empeorar las cosas, el nombre de la mujer judía considerada la amante del capitán estaba incluido en la lista de los trasladados. Cuando no llegaron, se descubrió el plan de fuga, confirmado por la inclusión del nombre de Hanna que no debería haber estado allí. Por tanto, todas las sospechas recayeron sobre Rud.

Kurt, el primer comandante, había sido llamado a toda prisa y tuvo que abandonar el campo adjunto para resolver una difícil situación. Decepcionado, el joven oficial no confesó su participación en el crimen ni reveló los detalles esperados. Incluso sin un juicio común, fue condenado a muerte por traición.

La vida terrenal del joven oficial llegó a su fin. En la última estación de su viaje partió, saliendo en del mundo la amada en manos protectoras con la promesa de un amor, ahora pospuesto.

Capítulo XII
A MUERTE COMO UN TRAIDOR

Rudolph sintió los momentos finales de su vida terrenal. Y, cuando se encontró frente a la muerte, temió como todo ser humano sometido a una de las Leyes Divinas: conocía la Ley de Conservación.

El miedo a lo desconocido era igual al pánico de dejar a su ser querido solo en el mundo. La expectativa de una nueva oportunidad de vivir juntos terminaría en el momento en que la soga alrededor de su cuello ejecutara su veredicto mortal. Y así es exactamente como sucedió.

El corazón del joven latía aceleradamente. Se arrancaron todas las medallas ganadas con honores y condujeron a Rudolph al improvisado patíbulo. Minutos después, el cuerpo, antes vigoroso y lleno de vida, se balanceaba inerte en el aire.

Poco a poco se iban experimentando nuevas sensaciones: sutil desplazamiento de la columna; la garganta está bloqueada, impidiendo la respiración; el vértigo que hace que todo gire a una velocidad vertiginosa; después, oscuridad silenciosa.

¿Triste destino o precioso rescate? Por tanto, corresponde a la historia responder, teniendo en cuenta los compromisos del pasado sometidos a la Justicia divina. El hecho habla por sí solo. Sin embargo, esto no quita el peso de la trágica desencarnación.

El joven audaz que eligió el amor en lugar de la lealtad ciega a unos ideales que ya no le convencían murió sintiéndose solo. Pero no vacío como los demás allí presentes, porque en espíritu estaba lleno de afecto y alegría por haber salvado a la dulce Hanna. Con tanta felicidad, cerró los ojos al mundo, dando paso al despertar en una dimensión diferente, mucho más sutil, renovadora.

Rudolph, como todas las criaturas del Universo, era sometido a las leyes que lo rigen, por tanto, encontró en la vida espiritual el resultado de sus acciones en la reciente encarnación.

La justicia divina estaría presente y precisa en la cosecha obligatoria de las semillas que había sembrado a lo largo de la vida.

Las primeras sensaciones que experimentó fueron de total abandono, seguidas del intenso frío que lo envolvió. Durante mucho tiempo, el espíritu desprevenido permaneció bajo los mismos efectos.

Había pasado una semana desde la muerte del joven oficial, aun recordado y citado como un traidor cobarde en el ejército del que formaba parte.

No hubo llantos ni lamentos por su muerte prematura del joven que cambió un futuro prometedor dentro del Reich por la realización del amor verdadero, pues se desconocía su paso al mundo espiritual por su familia y por Hanna. Sin embargo, la conexión amorosa entre ellos era antigua y destruyó las dificultades causadas por la distancia, y ella captó todo a través de una sintonía vibratoria en el momento de la desencarnación de Rudolph, entre ellos, un intenso vértigo que le arrebató los sentidos y el flujo normal de la respiración.

Al no encontrar más la paz dentro de sí misma, la joven presentó síntomas de intenso agotamiento físico y mental. Agotadas sus fuerzas, su ánimo de reaccionar ante la profunda tristeza que se había apoderado de ella desapareció. ´¡Alguna vez presente, aunque imperceptible, el vínculo invisible entre ambos la mantuvo durante días seguidos en un estado casi inanimado!

Tanto Bertha como Nicolay, otro ocupante del escondite, estaban preocupados.

Nicolay, un judío ruso de 34 años, era un médico miembro de la resistencia y miembro del Gueto de Varsovia. Escapó después de presenciar la ejecución de toda su familia: su esposa y sus dos hijos, así como la ejecución de sus padres y su hermana adolescente. Todos, excepto él, que escaparon de la muerte por voluntad del destino, fueron ejecutados y enterrados en una fosa común. Desorientado por su odio a los nazis, partió sin rumbo definido, hasta que encontró, por recomendación de un compañero del gueto, la mansión de Bertha. Protegido en el escondite salvador, se convirtió en el brazo derecho de la noble alemana que arriesgó su vida en favor de los judíos indefensos.

La ardiente repulsión hacia los alemanes no se completaba para él con la mera existencia de Bertha, un ser humano. Es magnífico que, inocentemente, haya recibido el estigma de fatídico asesino por el simple hecho de haber nacido aria.

Abandonaría la mansión en breve, solo esperando que se crearan los documentos falsos para salir de Europa y dirigirse a América en busca de un nuevo comienzo que le permitiera recordar su pasado sin tanto dolor y revuelta.

La vida de Nicolay había quedado completamente destruida por las nefastas acciones de las SS. Médico recién graduado, contaba con una brillante carrera salvando vidas y se desvaneció sintiéndose impotente ante la aterradora escena de ejecución de cientos de judíos y, entre ellos, sus seres queridos.

Ese terrible día, él y algunos otros compañeros regresaban de una reunión secreta cuyo tema era la unión de la gente del gueto con otros grupos de resistencia para un plan de contraataque a las fuerzas nazis y, para sorpresa de todos, uno de los pelotones del ejército de Hitler invadió el gueto, ametrallando a todos los que encontraba a su paso. Cientos de personas inocentes murieron en ese ataque. Nicolay, al no encontrar el placer de luchar contra las barbaridades sufridas por su pueblo, decidió huir sin destino. En su mente, la idea fija de enfrentarse a los nazis que encontró en el camino durante su fuga y la posibilidad de ser ejecutado también como su familia le impulsó a seguir adelante. Hasta que, arriesgándose en bosques y ciudades, recordó una conversación que mantuvo con Higor, un compañero de la resistencia, uno de los encargados de dar a conocer las acciones previstas contra los nazis dentro del gueto.

- "Compañero Socorrista" - nombre en clave elegido por el grupo para Nicolay, en referencia a los servicios médicos prestados a los judíos heridos en el gueto - a veces quería huir de todo.

- ¿Escapar? ¡No tenemos a dónde ir, ya que la mayor parte de Europa ya ha sido conquistada por estos miserables nazis!

- Te equivocas. Conocí a unas personas que me dijeron que en Hamburgo hay una mujer que ayuda a algunos de los nuestros a escapar a otros países. Te lo digo en confianza, porque semejante noticia no puede propagarse.

- Puedes confiar. Pero disculpe mi sinceridad, es difícil creer semejante noticia. ¿Quién sería tal ángel?

- Una dama alemana... - al ver la expresión de incredulidad de su amigo, continuó -. Te digo la verdad, ella es alemana y estuvo casada con un judío. Dicen que se querían mucho y tuvieron que enfrentar la oposición de la familia de la joven en ese momento. Huyeron a Polonia, hicieron una fortuna y regresaron muy ricos. El marido judío murió en el primer conflicto defendiendo a Alemania y, desde entonces, la señora vivió sola hasta que estalló esa maldita guerra.

- No lo sé. ¡Todo esto me parece una trampa, una trampa de los desafortunados soldados para atraparnos!

- ¿Por qué usarían una historia así, si sería más sencillo eliminarnos como lo hacen todos los días?

Nicolay no supo qué responder. Sin embargo, pensó en la posibilidad de enviar a su esposa e hijos a esa mansión. Sin embargo, los días fueron pasando y las dificultades para tan arriesgada fuga fueron socavando las ideas del médico judío. Pronto, con tantos ataques contra su pueblo, se olvidó por completo del ángel de Hamburgo. El recuerdo de la mansión resurgió el día que entró en la ciudad, después de semanas enfrentando el frío, el hambre y las artimañas del ejército.

Nació el cariño, respeto y admiración por Bertha en el corazón endurecido del médico ruso en los primeros días, cuando observaba el compromiso y voluntad desinteresada, el esfuerzo de esa mujer por salvar a tantos judíos como fuera posible. El arrepentimiento por no haber puesto a su familia al cuidado de aquella mujer, por no haber creído en su compañero Higor, le dolió profundamente.

Como forma de agradecimiento y compensación, siempre pospuso su partida y se quedó para ayudar a los fugitivos. Entristecido, él la acompañó. Solitario, se aisló del ruido y, con la llegada de Hanna, sintió que su vida cobraría un nuevo sentido.

Se enteró de la historia de amor entre el sobrino nazi de Bertha y la bella mujer judía. Sin embargo, su inteligencia dijo que era casi imposible que se reunieran. Así, una nueva esperanza de felicidad se encendió en el corazón de Nicolay, a medida que pasaban los días y los lazos de amistad entre los dos se estrechaban.

Fue él, como médico de formación, quien atendió a Hanna y descubrió un detalle que marcaría la diferencia en sus vidas, animándolas a abandonar el país lo antes posible: estaba embarazada. Estaba esperando un hijo de Rudolph, para alegría de ella y de Bertha, quien, como todos los demás, todavía ignoraba la muerte del padre del niño.

¿Qué les depararía el destino a todos los involucrados en la trama? ¿Cómo sería el futuro de la joven que creía en el regreso de su amado? ¿Hasta cuándo se desconoce su muerte?

Capítulo XIII
EN EL ESCONDITE

El pequeño refugio tenía paredes de piedra y no medía más de cuatro metros cuadrados. Construido por Kaleb con el propósito de guardar de forma segura toda la fortuna ganada con mucho esfuerzo y sacrificio. Sin embargo, debido a las proporciones que tomó la Segunda Guerra y a la viudez solitaria de la digna aria, se había transformado en un escondite para los muchos perseguidos que en la mansión, aterrizaron en busca de un refugio seguro en medio de la tormenta que había azotado todo el territorio alemán.

Toda la riqueza acumulada a lo largo de los años había sido retirada de ese lugar para dejar espacio a los refugiados de la guerra. Así, el escondite estaba siendo utilizado de manera humana, tal era el desprendimiento de aquella alma bondadosa. Temiendo un posible saqueo por parte de soldados nazis o alguien con malas intenciones, el tesoro fue depositado en otro lugar secreto. Construido como segunda opción, dependiendo de las necesidades de la pareja a lo largo del tiempo. No había sido revelado a nadie y estaba ubicado en la habitación de Bertha, entre la doble pared detrás del enorme armario de ropa, al que se puede acceder pulsando un botón situado entre una de las pequeñas ranuras de la base. Con aberturas tan estrechas, solo las pequeñas y delicadas manos femeninas podían abrirla.

Confirmado el embarazo, la estancia de la joven mujer judía en el sótano de la mansión preocupaba a los demás, porque los riesgos eran distintos a los de ser recapturada por las SS.

El tamaño diminuto, asociado con la humedad existente hizo que el escondite fuera inapropiado. Por suerte, en aquellos días solo ella y el médico ruso compartían el pequeño espacio, pero no pasaría mucho tiempo antes que aparecieran otros fugitivos perseguidos en busca de un refugio seguro.

Hanna no quería salir del país sin la compañía del padre del niño que llevaba en su vientre, por lo que se mostraba reticente cada vez que tía Bertha hablaba de su inmediata partida a Brasil. Hasta que una noche de la cuarta semana en la mansión, la joven tuvo un sueño intrigante que la hizo tomar la decisión correcta. Al día siguiente, amaneció triste y su compañero escondido quiso saber por qué. Luego, el deseo de compartir su experiencia creció hasta el punto de volverse incontrolable, haciéndola narrar lo sucedido sin olvidar ningún detalle.

- ¡Tuve un sueño bastante extraño sobre papá! Él vino a visitarme. Recuerdo que hacía mucho frío y estaba oscuro, pero a medida que se acercaba a mí, la luz centelleante que lo rodeaba se hizo más visible, casi palpable y me calentó por completo - la joven suspiró profundamente para poder controlar las emociones provocadas por los recuerdos paternos -. Toda la habitación se iluminó calentando mi corazón al instante. Los ojos de papá tenían la misma ternura que cuando aun estaba vivo; la paz hizo su hogar en su rostro, las palabras resonaron suaves y firmes.

- Debes extrañarlo mucho, ¿verdad? - Preguntó Nicolay al verla entristecida por la historia.

- ¡Sí, realmente lo extraño! Era un hombre maravilloso, dedicado y siempre presente.

- ¿Qué te dijo, Hanna? - Pacientemente, tomó las manos de la joven en señal de respetuoso apoyo.

Pensó durante unos segundos, recordando todo el sueño, con la intención de reproducir fielmente las palabras pronunciadas por el hombre que le había dado la vida.

- Me dijo: *"Mi querida hija. He seguido tu difícil camino en busca de la supervivencia en estos tiempos convulsos. Fui testigo de la fuerza del sentimiento que te unía al joven por quien debo eterna gratitud. Él te amaba y te hizo feliz durante el tiempo que permaneciste en aquel fatídico lugar, al punto de no dejarte advertir el mal que acechaba. Ahora estás lejos del mayor riesgo y libre de la desgracia contra nuestro pueblo. Pero tendrás que enfrentarte a una nueva etapa, difícil y dolorosa, que se acerca independientemente de nuestra voluntad egoísta. Sin embargo, con esfuerzo y fuerza salí victorioso y entiendo el cierre de un ciclo para que pueda comenzar otro. Y así sucede siempre en nuestras vidas. Estamos sujetos a cambios inesperados. No pierdas más tiempo con esperas inútiles y toma la decisión correcta para seguir el camino que Dios te presenta. ¡Dirígete a otras paradas! Te vi sin mirar atrás, y dejé contigo, guardado en tu corazón, el dulce recuerdo que se perpetuará a través del amor vivido que dio como resultado el brote que hoy albergas en tus entrañas! ¡No pierdas más tiempo! ¡Mis amados Marta y Yoseph se encuentran bien y, siempre que sea posible, acudiré a ti para satisfacer los anhelos que aun los desequilibran! Nuestro héroe, Rudolph, necesitará mucho tiempo para recuperarse de la inesperada sentencia y, así, poder afrontar su destino sin dejarse vencer por la revuelta y la desesperación. ¡Sigue tu destino! La tierra que te vio nacer ya no sirve para recibir tus pasos. ¡Por eso, te espera una nueva misión lejos de aquí! ¡Quédate en paz, que estés con el Señor!"*

Hanna lloró emocionada cuando terminó la reproducción de las palabras de su padre. Muchas dudas surgieron, abriendo gigantescos huecos en su corazón.

- Después de decir eso – continuó - la imagen de papá desapareció como humo y me encontré sola otra vez. ¿Qué quiso decirme, Nicolay?

En un rápido análisis, el médico, a través de un mecanismo intuitivo inconsciente, comprendió el contenido de las palabras del ahora desencarnado padre de la joven. Su aparición no fue resultado de un simple sueño, pues trajo revelaciones que sirvieron de faro para encaminar el futuro de su hija, como, por ejemplo, la certificación de la muerte de su madre y su hermano, un hecho desconocido para Hanna a pesar de ser una realidad común para quienes fueron llevados a campos de concentración. La situación de Rud se volverá más confusa para su comprensión. Sin embargo, entendió que el oficial, por motivos graves, no estaba en buenas condiciones de encontrar fácilmente a su ser querido nuevamente. Quizás sufriría embargos por haber permitido llevar a cabo el plan trazado para enviarla lejos, donde la guerra no causó tantos daños. Sin hacerle daño, intentó hacerle ver lo obvio.

- Siguiendo mi capacidad de comprensión, veo que en el sueño tu padre quiso decir muchas cosas, y que tú, por miedo a salir a oscuras y arriesgarte a dejar atrás parte de tu historia, no estás todavía preparada para tomar la única opción viable y decisión segura, de ahí la dificultad de comprender y aceptar los cambios. El sueño deja muy claro cuánto quieres aferrarte al pasado y también la dificultad de permitir una nueva posibilidad que te presenta otros rumbos, porque en los que insistes al cruzar ya no te llevará a ninguna parte. Pero aun así, insistes en burlarte de ellos. Entonces tu padre se apareció en sueños para abrirte los ojos. Ya sea una maniobra de tu subconsciente que proyectó la imagen de tu padre como medio para sacudirte o una especie de fuerza extrafísica, me doy cuenta que me parece bastante real la experiencia que me describiste, en la que se produjo el surgimiento de alguien que era muy caro y la muerte se lo llevó, parece ser la única manera que su íntimo o quizás nuestro propio Dios encontró para convencerte que abandonaras Alemania lo antes posible, para darle una oportunidad de vivir en un lugar mejor, lejos de aquí..

- Es todo muy confuso, pero de una cosa estoy segura: El consejo de papá no fue solo un producto de mi imaginación, tratando de destruir mi cobardía, sino que, más bien, estoy segura que estuve en contacto con él, porque todas las sensaciones y percepciones eran demasiado reales para ser producto de un sueño - dijo Hanna, en una demostración de comprensión espiritual -. Estoy parcialmente de acuerdo contigo, aunque me resulta muy difícil. Sin embargo, algo me intrigó mucho.

- ¿Dime de qué se trata esto? - Nicolay tenía muchas ganas de ayudarla en ese momento, sin interferir ni inducirla a tomar ninguna decisión.

- ¿Qué quiso decir con que mamá y Yoseph no podían venir a mí sin perder el equilibrio? ¿Puedes explicarme eso?

- Creo que la respuesta está en tu corazón, escúchalo...

Hanna, queriendo entender el mensaje truncado que había recibido, analizó con más frialdad lo que había oído sobre ellos. Una fuerte intuición le dijo que ya no eran parte del mundo. Luego, vencida por un profundo dolor, se cubrió la cara con sus manos temblorosas y lloró compulsivamente, mientras repetía varias veces:

- ¡No pueden estar muertos!

Incapaz de soportar la emoción del descubrimiento, la joven semita se desmayó y necesitó el apoyo de su amigo.

Más tarde, ya recuperada del triste y sorprendente shock, todavía lloraba por el vacío de la pérdida. Algunas cuestiones seguían sin estar claras, pero decidió guardar silencio y no tocar el tema. Nicolay, comprensivo, tampoco dijo nada más al respecto.

Con la familia destruida, lo que le quedaba a ella y a su hijo en su vientre era la esperanza de encontrar al hombre amado que, según palabras de su padre, momentáneamente encontró obstáculos para unirse a ellos. Recordando el último día con Rud, llegó el momento en que prometió partir hacia Brasil, donde esperaría su llegada. Resuelta, decidió cumplir el deseo del hombre que amaba. Se iría con la tristeza de dejar parte de su vida en la tierra natal. Sin embargo, esperaría equivocarse con las indicaciones tomadas del sueño y se aferraría a la fe que algún día volverían a estar todos juntos.

En su conciencia, una voz le dijo que ya no los vería más. Fue el presagio de cambios severos y concluyentes. Pero prefirió mantener la ilusión del reencuentro como una forma de protección inconsciente para obtener fuerzas para seguir adelante.

La semilla había sido sembrada por amigos de la dimensión espiritual que la llevaron mientras dormían a un encuentro con el padre ahora desencarnado. Conociendo el suelo fértil del alma de la joven, los bienhechores espirituales esperarían la acción eficaz del tiempo, el único capaz de reorganizar todas las cosas en su debido lugar.

Los días sucedieron bajo una nueva luz para Hanna, más amarga y solitaria, aunque con una nueva responsabilidad: proteger a su hijo en todas las formas posibles. Por lo tanto, se iría de Alemania antes que el embarazo avanzara más, complicando así la ya difícil situación. Sin embargo, demostró cierto inconformismo al no poder esperar el regreso de Rudolph para poder ir juntos al lugar previsto. Debería resignarse y aceptar la sugerencia de tía Bertha sobre la necesidad que Nicolay la acompañara en la fuga.

Así, ambos reiniciarían sus vidas lejos del amenazante conflicto. Saldrían como una joven pareja alemana vistiendo documentos falsos.

Todo estaba dispuesto para su salida, prevista para la semana siguiente, cuando el barco partiría del puerto de Hamburgo con varias escalas hasta atracar en el puerto de Santos, en São Paulo, Brasil. De allí partirían hacia el sur del país donde buscarían a los hermanos de Bertha con la dirección y la carta solicitando refugio para los dos prófugos.

Los últimos días en la mansión fueron más suaves para todos. Bertha estaría sola y esto preocupaba al médico judío, pero, como había sido desde el principio, pronto recibiría a otros invitados angustiados.

En la otra dimensión, donde se encontraba el joven, ex capitán de las SS, la realidad era muy diferente. La mente de Rudolph comenzó a despertar a una nueva pieza de sufrimiento y purificación.

Capítulo XIV
EN EL MUNDO ESPIRITUAL

Rudolph, en espíritu, se enfrentaba a una realidad diferente y desconocía que estaba en otro plano dimensional perceptible después de la muerte física; es decir, había entrado en el plano extrafísico.

Independientemente que estén preparados o no, conscientes o no de la verdadera condición para la cual fueron creados, los hombres ingresan al mundo espiritual y despiertan en lugares específicos, necesarios y merecidos para cada uno, "según sus obras porque hay muchas moradas en la casa del Padre", según palabras del Maestro Jesús. Tales lugares son ocupados por millones de espíritus en el ajuste, purificación o servicio de la obra de Dios.

El acto de desencarnar cierra un ciclo, dejando un dolor inconmensurable para quienes quedan y un descubrimiento, sorprendente o no, para quienes se desprenden del cuerpo material. Sin embargo, no los hace santos ni merecen el dolor de las maravillas erróneamente publicitadas por diversas religiones en la Tierra. De manera más coherente, los espíritus no se cansan de demostrar que "morir" no es nada más que un cambio de estado, y tal transformación enfrenta a cada ser con sus errores y aciertos, con sus saldos y deudas. Entonces comienza la nueva realidad, sin máscaras y sin escondites. Por tanto, no hay nada mágico ni terrible del otro lado de la vida física, pues todos los vicios, defectos y virtudes acumulados a lo largo del recorrido terrenal continuarán. Depende de cada persona adaptarse de la mejor manera posible para avanzar hacia el verdadero objetivo de la creación humana: la evolución espiritual.

De acuerdo con tales certezas, la descripción de la situación de Rudolph, después de su desencarnación, no debería sorprender a nadie, ya que esta verdad se aplica a todos. La frase dictada por Jesucristo hace milenios: "a cada uno según sus obras" resuena silenciosamente en mentes humanas. A menudo olvidada o desestimada por los hombres, una presencia emocional está presente cuando la ruptura de las barreras que separan los dos mundos pone a todos frente a frente con el resultado final de la prueba vivida.

Ante esta realidad, Rudolph se encontró en el mundo espiritual.

Las mismas sensaciones vividas en el momento de la ejecución seguían presentes. Un frío intenso lo envolvió y el estado del debilitado oficial era miserable, con dolores por todo el periespíritu.

El vacío al que fue arrojado y donde permaneció en los primeros tiempos no había medidas definidas, igualando él mismo la inmensidad del espacio cósmico, porque se sintió flotando perdido y solo. No pudo ver ni oír nada, solo los crueles efectos de la triste desencarnación. Poco a poco y con mucha dificultad, pero sin visualizar, empezó a notar una gran cantidad de manos. La primera impresión del espíritu Rudolph era la percepción de la vida. Se sentía vivo, a pesar del dolor, del malestar:

- ¿Fui salvado de la muerte?

Ese fue el primer pensamiento del joven desencarnado cuando nota sus manos frías y ansiosas por arrancar su carne. Escuchaba algunos sonidos a lo lejos, palabras en yiddish, que parecían una palabrota. Sí, fue maldecido por una multitud, considerando el número de voces que hablaban al mismo tiempo.

Entonces, el cuerpo adhesivo de antes fue siendo sacudido a patadas, golpes y puñetazos, el espíritu de Rudolph, sin saber exactamente de qué se trataba, pensó que estaba siendo devorado vivo por una manada de lobos enfurecidos. Desconcertado, no supo definir cuánto tiempo permaneció en ese juego de ataques y agresiones.

El tiempo pasó, tanto para el joven perdido en la espiritualidad como para que Hanna en su misión llegara ilesa a Brasil. Los mundos corrían paralelos entre sí.

Estaban peleando, aunque todavía no había capacidad de percepción para ambas partes.

Mientras la futura madre del hijo de Rudolph cruzaba océanos en un barco, muchos alemanes en busca de nuevos horizontes lejos del país del que estaban orgullosos, él luchaba con las incertidumbres de lo desconocido.

Sostenida y protegida por Nicolay, que se había convertido en un gran amigo, llevaba el dolor de la añoranza y la fe que nunca desaparecería incapaz de encontrarlo nuevamente para experimentar definitivamente el amor pospuesto.

Hanna y Rudolph sufrieron sin saber que la muerte los separó momentáneamente, interrumpiendo la posibilidad de una relación amorosa en su vida actual, posponiendo una oportunidad más concedida desde lo Alto. Él, sin nociones exactas de su verdadera situación. Ella vacía y destrozada por la soledad impuesta y detestada. No se sintió peor por la amorosa presencia de Nicolay, mientras comenzaba a llamar a su compañero de fuga.

Los días y las noches se rompieron sucesivamente, en unas manifestaciones que requieren del paso del tiempo y de los innumerables ciclos que se van cumpliendo a lo largo de la vida.

El espíritu del joven nazi poco a poco fue recuperando la vista. Al principio, su campo visual no alcanzaba más que sombras y figuras, mientras que los demás sentidos no se veían afectados. Había muchos a su alrededor disputándose espacio y tiempo para amenazarlo, dueños de aquellas voces que lo perseguían por la insistencia y el odio contenido en ese entonces. En muy raros momentos, pequeños rayos de luz aparecieron frente a él; sin embargo, la oscuridad aterradora prevaleció durante el período de tiempo más largo. Los aullidos resonaron de todos lados. También se plasmaron dolorosos lamentos por su mayor desesperación.

Cuando su capacidad de ver volvió a la normalidad, se encontró tendido en un barro fétido con un olor similar al de los excrementos.

También se encontraron decenas de criaturas desencarnadas. Las marcas de los disparos eran visibles y presentes en cada uno de aquellos indeseables, alucinados y rebeldes. Entre ellos reconoció, por sus ropas de soldado, a muchos civiles y judíos. Todos tenían una apariencia horrible y parecían muertos vivientes.

Una película con todos los acontecimientos de la guerra, durante el período exacto en que luchó en el frente, pasó por la mente del joven a una velocidad asombrosa. Muchas de esas figuras atormentadas que lo rodeaban fueron reconocidas como víctimas libradas en las batallas en las que participó o comandó. Dejándolo aun más confundido. Surgieron dudas y ya no sabía si era o no parte del mundo de los vivos y si todos sus sueños en relación con la mujer amada podrían haberse quedado atrás.

Sin noción alguna sobre la eternidad espiritual y la reencarnación, imaginó el final de una historia de amor efímera, pero inolvidable. Fue allí donde recordó a Hanna y todos los momentos que pasó con ella. Un dolor insoportable y alucinante invadió su espíritu cansado. Las víctimas se regocijaban con el estado desesperado de quien consideraban un verdugo. La única sensación era la de estar en la antesala del infierno.

Sin reaccionar, se dejó llevar por aquellos sedientos de venganza. En el fondo quería ser aniquilado, destruido de tal manera que ya no sintiera ni pensara nada. Estaba siendo arrastrado por los soldados de las tropas enemigas con las que luchaba. Civiles y judíos hablaban sin parar, interrogados y acusados, como en un interrogatorio crítico.

- ¡Miserable! ¡Asesino! ¡Aquí tu coraje no vale nada, porque no puedes enfrentarnos, soldadito de la nada! ¡Gusano asqueroso!

- ¡Acaben conmigo de una vez por todas! - Suplicó el espíritu atónito del ex oficial.

- ¡Ya terminaste, idiota! Fuiste ejecutado por tus compatriotas. Bien hecho, merecías una muerte humillante - gritó uno de los miembros de la mafia.

- ¿Dónde pusiste tu arrogante superioridad? ¿Dónde están las armas que usaste contra los indefensos? - Dijo otro, mientras lo arrastraba.

El lugar donde lo llevaron era horrible, rodeado de montañas rocosas, cuya poca vegetación no hizo nada para aliviar el bárbaro escenario. Las pocas cuevas excavadas en las rocas fueron disputadas con gran lucha, pero, desde la vista posible, no diferían mucho del exterior, ya que las llamas descendían continuamente desde los puntos más altos de las elevaciones rocosas y casi lo cubrían todo. Un ambiente hostil, donde reinaba la oscuridad y los lamentos torturaban los sentidos. El supuesto verdugo había quedado en un pantano de agua pútrida y un olor insoportable que le llenaba las fosas nasales y le ahogaba la garganta, que ya estaba muy afectada por el ahorcamiento. El recuerdo del olor a carne quemándose en los grandes hornos del campo de concentración de Treblinka, que tanto le molestaba, no era nada comparado con lo que sentía allí. Para empeorar esa desolada situación, el intenso dolor en su columna y cuello le dificultaba la respiración, molestándolo profundamente.

Por un tiempo impreciso permaneció en ese lugar y cuando se sintió más fuerte, corrió como un loco para deshacerse de aquellos verdaderos zombies que no abandonaban su persecución. El dolor tampoco lo abandonó ni siquiera en las primeras ideas sobre un Ser Superior comenzaron a gestarse en esa mente cansada de sufrir y huir.

Las elementales aclaraciones de la existencia de Dios aparecieron tímidamente con las escenas recordadas de su madre rodeada de fe y oraciones diarias para proteger a su hijo que, según su creencia, cumplía con sus obligaciones militares en el campo de concentración a donde fue trasladado después de muchos esfuerzos. El desencarnado Rud comenzó a cambiar su imagen mental, hecho primordial para el arrepentimiento y cambios de posturas.

Vivía en el nuevo viaje. Pero ¿cuánto le faltaría todavía para afrontar la difícil situación antes de volver a la luz?

Capítulo XV
EL ESCAPE PARA RECOMENZAR

Usando nombres falsos y una cierta cantidad de dinero, Hanna y Nicolay lograron escapar de Alemania en un carguero que partió de Noruega con destino a Portugal. Cruzaron sin dificultad el Mar del Norte y el Canal de la Mancha. Todo salió según lo previsto y la segunda etapa de la fuga sería menos arriesgada en suelo portugués, donde permanecieron casi un mes a la espera de la salida del próximo carguero que los llevaría al puerto de Santos en Brasil.

El régimen político brasileño en ese momento era el llamado duro comandado por Getulio Vargas que había embargado la inmigración alemana al país. Por tanto, entrarían como clones vistiendo uniformes de tripulación portuguesa.

La suma en dólares pagada al capitán de la tripulación para abordarlos disipó cualquier interés por conocer la verdadera historia. Creía que se trataba de un matrimonio entre una alemana y un ruso que intentaban escapar de la terrible guerra.

Hanna había sufrido mucho durante el viaje con náuseas que empeoraron con el embarazo. Nicolay enfermó debido a su condición física, que se vio afectada por la escasez de alimentos durante el conflicto. Durante unos días tuvo una fiebre que preocupó a la tripulación a bordo. Temerosos de entrar en contacto con alguna enfermedad contagiosa, se encargaron de aislar al médico ruso de los demás. Así permaneció durante casi todo el viaje.

Hanna, una vez más, temió la soledad y, en silencio, suplicó en sus oraciones por la curación de su compañero. El equipo de amigos espirituales programado para acompañarlos se sintieron conmovidos por las súplicas de la sufrida mujer judía, aunque en sus planes tenían asegurado el éxito de su largo viaje para que, libres de cualquier peligro, pudieran continuar el destino ya trazado.

Superado el largo viaje, pudieron respirar aliviados.

Alemania ya era parte del pasado. Como ellos, muchos huyeron del hambre y la destrucción. Salir del país se convirtió en la opción más segura, ya que la Segunda Guerra Mundial trajo daños mayores que los simples embargos impuestos en la anterior.

El sueño de empezar de nuevo en un suelo común y lejano conmovió a miles de europeos. La adaptación sería dolorosa. El idioma, las costumbres, las creencias y los recuerdos atormentadores del período oscuro dificultarían el proceso. Pero el deseo de vencer, de resurgir reuniendo lo poco que quedaba, los llevó a dejar la nación aniquilada en todos los sentidos.

Era el final del camino, el Brasil de los sueños fue conquistado y la sensación de victoria resonó en lo más profundo de cada uno de ellos.

- ¡Ya llegamos, Hanna! - Exclamó Nicolay con satisfacción.

- Y ahora, ¿cómo llegaremos al sur del país? Según la tía Bertha, el barco atracó en el puerto de Santos, muy lejos de nuestro destino... Estoy cansada de ver tanta agua. Tengo muchas ganas de descansar un poco, preferiblemente en tierra firme...

Después de un largo tiempo de aprensión y tristeza, el ruso sonrió por primera vez al escuchar el mensaje de la joven. Ella también sonrió. Ambos se sintieron más ligeros y sueltos. Lejos de todos los tormentos vividos, experimentaron el aroma tropical con la seguridad de paz que tanto deseaban.

- No te preocupes. Encontraremos la dirección indicada... ¡Prometo que el resto del viaje será por tierra! - Aseguró, tomándola de la mano -. Ven conmigo, busquemos un lugar para descansar...

Los dólares que recibimos de la señora Bertha y el idioma inglés que aprendí nos servirán de ahora en adelante...

Sintiéndose protegida, la joven judía se dejó llevar. Sus pensamientos, todavía apegados a su amante, la hicieron desear que él estuviera en el lugar de Nick, llevándola a una nueva vida... Pero de repente, una fuerza extraña la inmovilizó, requiriendo el apoyo de su compañero de viaje... Un intenso escalofrío la recorrió. atravesó todo el cuerpo de la joven, dejándola congelada... Sucesivos escalofríos y una avalancha de sentimientos contradictorios dificultaban la respiración.

- ¿Qué pasó? ¿Te sientes bien?

- De repente me atrapó un malestar pasajero. Pero ya me recuperé...

Ocultó el verdadero motivo del fuerte malestar, evitando lastimarlo después de tantos cuidados que le habían brindado desde los días divididos en la mansión de Hamburgo. Todavía se sentía bajo la influencia de la dolorosa sensación que la invadió cuando recordó a Rud. No sabía la causa, aunque intuía que algo le estaba pasando al hombre que amaba. Dejó esos pensamientos a un lado y se concentró en encontrar una parada tranquila y discreta...

Encontrar una posada cerca del muelle del puerto fue más fácil que hacerse entender. Sin embargo, con buena voluntad y paciencia todo se resolvió, y la pareja disfrazada pudo por fin tener una comida, un baño y un merecido descanso...

Se sintieron como en casa. El miedo a ser recapturado por los monstruos nazis ya no existía, aunque ciertos criterios seguían siendo indispensables, como por ejemplo: la verdadera nacionalidad e identidad.

Ella se llamaba Helga Günter y él se llamaba Half Günter. Genuinamente germánico como lo indican los documentos que utilizaron desde que abandonaron Alemania. Consciente del embargo político en el país tropical, el médico ya estaba dispuesto a utilizar cualquier excusa, mentiría si fuera necesario y apelaría al estado de Hanna. Pero ante los dólares presentados como pago, la recepcionista mostró total desinterés por el origen de la pareja extranjera.

Una habitación individual para los dos. Decoración sencilla y muy limpia, el dormitorio contenía pocos muebles: una cama con ropa limpia y perfumada, un sofá, una mesa con dos sillas preparadas para la comida que se serviría y un pequeño baño con ducha que rociaba abundante agua caliente, una invitación al tan deseado relax. Las paredes pintadas de blanco exhalaban olor a pintura fresca, revelando la reciente renovación... En la ventana, la cortina floreada añadía gracia y alegría al ambiente.

Compartirían el espacio como si fueran una pareja real, porque esa era exactamente la imagen que debían presentar ante todos... Un montón de mentiras y disimulos ya formaba parte de la rutina de los prófugos de la espantosa lucha...

La comida se sirvió con un menú verdaderamente brasileño: arroz, frijoles, bistec, papas fritas, ensalada de tomate y refrescante jugo de limón. En otras palabras, un banquete honorable para quienes llevaban mucho tiempo sin alimentarse adecuadamente. Disfrutaron de la comida, ambos asombrados por la abundancia y el sabor desconocido, aunque bastante sabroso...

Los dos apenas hablaron. Cada uno con sus pensamientos volando por caminos divergentes. Hanna, a pesar de experimentar seguridad y paz, recordaba a su madre y a su hermano con gran nostalgia... En cuanto a Rud, no olvidó ni un solo segundo y esperaba con ansias el día en que compartiría con él las delicias de ese país hospitalario... El médico ruso también recordó a su familia aniquilada por la furia bestial del nazismo... Le invadió cierto malestar al pensar que morían con hambre y frío.

Sin embargo, su corazón sufriente comenzó a latir a otro ritmo desde que conoció a la extraordinaria mujer que el destino insistió en poner en su camino con la misión de protegerla de todos los peligros, pero sin considerar la probabilidad que se enamorara de él...

El cansancio se apoderó del dúo y, entre las cuatro paredes que los protegían de miradas curiosas, el médico ruso cortésmente cedió la cama a la belleza y se acomodó en el estrecho diván.

- ¿Estás seguro que te acomodarás? – Preguntó Hanna.

- ¡Puedes creer! Después de la difícil y larga temporada dormiré como un ángel... - respondió sonriendo -. Duerme Hanna, si lo necesitas no te de vergüenza en llamarme...

Durante casi una semana permanecieron instalados en la discreta posada; tiempo suficiente para conocer un poco la localidad y saber un poco más de uno de los invitados, Enrico Braggio, un italiano políglota que esperaba el día de la salida hacia su país y que les ayudó mucho como intérprete... Fue él quien aconsejó a Hanna que dejara de viajar por las malas carreteras del sur de Brasil. Recomendándole continuar por mar, enfrentando las mareas y el ir y venir del barco pesquero que atracaría en el puerto en unos días procedente del Estado de Espíritu Santo con escala en el Valle de Itajaí, lugar donde debían hospedarse antes que el barco zarpara...

Enrico sirvió de intermediario en la negociación del precio del viaje y dio todas las coordenadas necesarias para que ambos llegaran al Valle de Itajaí, en la ciudad deseada... Con todo una vez acordado, la pareja supuestamente alemana podría relajarse y disfrutar de los últimos días antes de la última excursión en el mar...

El clima cálido era lo opuesto al de Europa en esa época del año. Por ello, decidieron dar un paseo por la zona en un intento de familiarizarse con el nuevo país, sin conflictos y sin odio... el escenario era el contrario al que enfrentaban. No hubo explosiones, ni tanques destruyendo lo que tenían delante; ni aviones con sus paracaidistas armados invadiendo ciudades; ni prisiones motivadas por prejuicios abyectos o por las muertes masivas, a las que fue sometida una parte considerable de europeos...

Sorprendidos por la pasividad y el sentido humanitario de los brasileños, los observaron en su rutina común mientras paseaban por una de las playas... Los niños felices jugaban en la arena, construían castillos o jugaban con sus cometas. Algunos se bañaban bajo el cuidado de adultos, quienes, a su vez, disfrutaban del Sol en el agua o en la orilla con sus refrescantes bebidas. Todos, sin excepción, tenían en sus rostros la tranquilidad esbozada en sonrisas y conversaciones de felicidad... ¡Qué utopía semejante escena, para extranjeros saliendo de un escenario sangriento y aterrador...! Pensaron, casi hasta el punto de al mismo tiempo, qué fácil y saludable era vivir una vida al estilo de la gente de los trópicos: sin el rencor europeo que hiere y mata en nombre del orgullo y el poder ciego...

Hanna quedó encantada y era todo lo que soñaba para su hijo. En esos momentos se olvidó de la amargura que tenía guardada en el pecho. Nicolay, cada vez más escéptico, también se dejó contagiar por la ligereza de aquella gente amistosa. Dirigiéndose a la mujer judía que caminaba a su lado, confesó:

- ¡Creo que voy a disfrutar mucho viviendo en este lugar...!

- ¡Yo también, Nick!

Capítulo XVI
Y LA VIDA CONTINUA...

Un enorme barco pesquero partió del puerto de la ciudad de São Paulo el día señalado. Subió a bordo a la pareja extranjera.

Alojada en las instalaciones improvisadas por los pescadores, Hanna pasó la mayor parte del día, ya que el balanceo casi rítmico del barco en alta mar le provocaba continuas náuseas, que aumentaban con el fuerte olor de las toneladas de pescado que también transportaban... Nicolay se dividió entre cuidar a su compañera y ayudar a los pescadores... Realizó pequeñas, pero importantes tareas que aprendió rápidamente en el barco, mientras descubría una manera de facilitar la comunicación con los brasileños... Poco a poco el entendimiento se fue perfeccionando, casi en la misma medida que las funciones eran realizadas. Cuando había un descanso, corrió a encontrarse con la mujer responsable de hacer que su corazón latiera más rápido últimamente... Sí, estaba completamente enamorado de Hanna.

Estaba eufórico por el nuevo sentimiento, pero temía que lo descubrieran y lo malinterpretaran. La respetaba por encima de todo y sabía que en ese corazón oscuro y sufriente vivía otro hombre...

Sin poder escapar de las fuertes emociones que experimentaba en cada momento que pasaba con ella, decidió amarla en secreto y, aun así, sentirse feliz de poder contar con la amistad y la confianza de quien amaba había invadido sus pensamientos, reavivando el volcán de deseos que había estado dormido desde la trágica partida de su familia...

Con poco más de 30 años, Nicolay ya había atravesado muchos caminos... Descendía de un pueblo marcado por diferencias, especialmente en cuestiones religiosas, que sentaron precedentes para el surgimiento de obstáculos sociales y políticos. Fieles a las tradiciones que no se dejaron vencer y continuaron luchando y conquistando en el continente elegido como su lugar de nacimiento; sin embargo, no esperaban tal revuelta que culminó en el mayor genocidio de la historia. Lo que más asustó a los judíos fue la forma inhumana con la que Europa optó por liberarse de la vergüenza de su propia incompetencia en los distintos segmentos de la sociedad y, cobardemente, transfirió la culpa de todas las desgracias a los semitas, un pueblo que prosperó financieramente desde el suelo, considerado propiedad exclusiva de los arios. Esta observación les dolió mucho, hasta el punto de hacerles olvidar una de las lecciones religiosas más importantes que predicaban: "Ama a tu prójimo como a ti mismo, porque delante de Dios todos somos hermanos."

Como resultado inmediato de tal estupidez, el odio explotó y la destrucción...

La pérdida de todos los logros como la familia, el merecido título de médico y los sueños coloridos trajeron revuelta y madurez prematura... Ahora, reunió los pedazos que quedaban de su indigna condición y se rehízo él mismo del golpe inesperado. La compensación para él llegó con la aparición de Hanna en su nuevo y triste camino. No tardó mucho en distinguir el sentimiento que lo dominaba, pero la imposibilidad de darse cuenta sería una nueva dificultad que le enseñaría: aun más...

Para no atacarla con el amor que había nacido solo dentro de él, prefirió tenerla siempre como amiga y, para ello, no dudó en sofocar ese sentimiento sereno y perfecto, que le había surgido, mostrándole que la vida siguió su camino, sin importar las pérdidas y dolores que haya en él... Porque vivir es así: entre los altibajos que enseñan, modifican y revelan el verdadero contenido del ser humano después de cada experiencia vivida. Y Nick era un hombre de carácter valioso y un amigo presente; capaz de renunciar al amor y reprimir sus deseos... A su vez, la mujer judía lo admiraba. Ella le tenía un cariño inmenso y se sentía agradecida por el apoyo que él le brindaba y tenía hacia él el mismo cariño que anteriormente le había dado a su hermano... No conocía sus verdaderos sentimientos; sin embargo, era mejor así, porque nunca podría devolverle el amor que se merecía, ya que él pertenecía a otro hombre.

Sus vidas tomaron un nuevo rumbo, y según las palabras del padre de la joven, dictadas en su sueño: "un ciclo se cerraba para comenzar otro." El tiempo se convertiría en un aliado, porque su eficaz acción sanaría las lentas heridas abiertas por el dolor de la pérdida, provocadas en cada uno de los corazones heridos...

Sería imposible olvidar el duro pasado, aunque el nuevo ácido permitía vislumbrar un futuro más apacible en aquel país lleno de posibilidades... Se liberó de las cadenas que lo ataban al sentimiento de culpa por el triste destino de aquellos que fueron parte de una etapa importante en su existencia, pudiendo finalmente sellar un pacto con una nueva vida, dejando atrás los traumas sin perder los recuerdos que se guardarían por siempre en su corazón.

Luego de unos días de viaje por la costa brasileña, llegaron, con la ayuda de pescadores, al destino indicado en el sobre que contenía una breve carta de Bertha presentando a la pareja extranjera y el pedido de refugio para ambos hasta que ella y su sobrino Rudolph, se uniesen a todos...

La carta resumía la situación en Alemania y se apoyaba en la sensibilidad de su hermano, Ludvick Günter, que había abandonado su tierra natal hacía muchos años, pero nunca había olvidado a quienes permanecían allí, especialmente a Bertha, su querida hermana.

Cuando Ludvick y Gerald se marcharon todavía eran muy cercanos y en los primeros años recibieron una sola carta con noticias de sus familiares. En él, la madre contaba los últimos acontecimientos, incluida la fuga de Bertha del convento para casarse con un judío. Como los demás, no aprobaron esa unión y durante mucho tiempo despreciaban la audacia de su hermana...

Sin embargo, con el paso de los años, la añoranza sustituyó a toda rebelión y desaprobación. Y, al leer las pocas palabras de su hermana después de décadas de distancia, la emoción se apoderó del anciano que no pudo contener el temblor de sus manos al leer lo que su hermana había escrito.

- ¡Y con mucho gusto te acogeré en mi hogar!

Llegaron en buen momento, porque necesito trabajadores que ayuden en el campo... - habló en alemán, ligeramente modificado por el dialecto local, aunque todavía comprensible. Es mi hijo quien se encarga de todo hoy en día, soy muy mayor y casi no puedo hacer nada más... Si quieres trabajar, has venido al lugar indicado...

- Estamos agradecidos por la oportunidad. ¡No te arrepentirás! - Garantizó Nicolay, usando el mismo lenguaje.

El anciano mostró parte de la siembra de hortalizas, cultivo que producía desde sus primeros años en esas tierras.

Tanto el ruso como Hanna quedaron encantados con lo que vieron... Había muchas hectáreas de tierra completamente cultivadas con organización y diversidad. Desde lejos se podía ver las hileras de verduras creciendo maravillosamente, resultado del cuidado y dedicación.

Como ya habían acordado en la mansión de Hamburgo, omitirían la verdad que sería revelada por Bertha y Rudolph cuando llegaran allí. Hasta entonces, seguirían usando documentos falsos y manteniendo que eran marido y mujer...

Circularon un poco más entre las plantaciones. Cortésmente, los recién llegados respondieron todas las preguntas de aquel hombre que mostraba buena voluntad, a pesar de su apariencia austera... En cierto punto de la conversación, los dos tuvieron que contener su enojo al escuchar a ese hombre con sangre y alma aria, ofender al pueblo judío como si fuera la escoria del mundo. Entonces, modificaron la preocupación del protector sobre sus verdaderas identidades.

Lo siguieron respetuosamente y, de repente, Ludvick señaló un hermoso edificio de estilo europeo que se alzaba sobre una hermosa colina a unos quinientos metros de distancia del lugar donde se encontraban.

- ¿Ves esa casa en lo alto de la colina? - Al notar las declaraciones de ambos, continuó -. Bueno, ahí vive Otto, mi hijo, lo bauticé con el mismo nombre que su abuelo... ¡Un homenaje que le hice a mi difunto padre! - Finalizó orgulloso.

- Excelente elección, ya que el nombre es muy bonito – dijo Hanna recordando cuánto hablaba Rud de su abuelo.

- Sí, así es. Pero lo que quiero contarles es que la antigua casa que albergaba a la familia de Otto venía sirviendo como hogar de empleados y actualmente está desocupada... Es simple, pero una buena residencia, todo amueblado... Si no les importa, pueden ocuparla mientras se queden aquí...

- ¡Aceptamos la oferta y quedamos muy agradecidos! - dijo el ruso que estaba más entusiasmado con la posibilidad de estar cerca de Hanna en un lugar exclusivo donde tendrían más libertad para ser quienes realmente eran.

- Entonces, todo está arreglado. Ahora entremos. Necesitan comer y descansar un poco, porque sé que fue un viaje largo... Más tarde mandaré llamar a mi hijo para hacer los arreglos necesarios... - tomándolos a ambos de los brazos, los condujo hacia el interior del interior de la gran mansión. Con seguridad, el trato que Hanna y Nick recibieron por parte del anfitrión no habría sido el mismo si hubiera sabido que eran dos judíos fugitivos. Lo más interesante fue ver que las diferencias existen por un estigma estúpidamente dispuesto, pues todos somos similares en forma física; es decir, nadie tiene grabado en el cuerpo su origen, porque no importa cuando nos aceptamos como iguales, como hermanos ante Dios. Los prejuicios y las consecuencias que de ellos se derivan son una tontería, porque no tienen valor cuando cerramos los ojos al mundo y los abrimos en otra dimensión... Lo que realmente importa son todos los males causados y todos los regalos ofrecidos a nuestros vecinos...

Capítulo XVII
BARRERAS ROTAS

Era un día soleado y muy caluroso en el valle. Nicolay, como de costumbre, pasó la mañana en la lucha, regresó para almorzar y luego salió para completar su segunda jornada laboral que se prolongó hasta el anochecer.

El tiempo había pasado rápidamente desde que llegaron allí y el embarazo de Hanna estaba avanzado. Faltaba poco más de un mes para el nacimiento del niño y ella afrontaba ciertas dificultades para realizar todas las tareas diarias en el hogar que compartía con Nicolay. Pero, ese amanecer, el desánimo le hizo compañía al despertar pensando en un sueño que había tenido con su amado, su madre y su hermano... Le parecía tan real como el que había tenido con su padre, aun en Alemania, aunque no tan luminoso e iluminado...

Se encontró en un lugar oscuro y húmedo lleno de gente arrastrándose con expresiones repugnantes llenas de odio. Entre ellos, vio a Rudolph en el mismo estado... Tomada por la aterradora sorpresa, intentó llamarlo, quería ayudarlo. Sin embargo, todavía estaba lejos, en un enorme pantano. Hubo varios intentos de acercarse y la ansiedad aumentaba... Rud no la escuchó, ni siquiera sintió su dulce presencia... Estaba aislado y liviano, como si estuviera huyendo de algo aterrador... Durante mucho tiempo, la joven observó la figura de su amado siguiéndola, ajena a ella, todo... La deprimente escena recordaba a los cerdos viviendo en su hábitat... De repente ella fue sacada de aquel cuadro y se encontró en un inmenso campo verde con olor a flores y una apariencia más delgada. En él estaban Martha, su madre y Yoseph quien, tranquilamente, sonrió ante su llegada. Luego experimentó la misma paz que los rodeaba. Continuó buscando la figura de Rud en cada rincón, pero él estaba perdido en la escena anterior... Una mezcla de dolor y alegría la invadió por segundos. Reuniendo todas las fuerzas que le quedaban, corrió al encuentro de los dos que la esperaban con los brazos abiertos... Entonces llegó el despertar. Al no sentir más el calor del esperado abrazo, lloró compulsivamente...

Permaneció más tranquila en los brazos de Nick hasta el amanecer. Los dos hablaron de las impresiones que dejó el incomprensible sueño en la joven que aun tenía esperanzas de volver a verlos... Así, los dos se quedaron hasta que llegó el momento de separarse por la rutina que exigía su presencia...

Emocionalmente sacudida por el sueño, Hanna pasó la mayor parte de las primeras horas de ese día sentada en el porche. El ininterrumpido balanceo de la silla la calmó. Sin embargo, su mirada permaneció perdida. No registró nada de lo que sucedía a su alrededor. Su mano delgada y delicada acarició la cadena atada a su cuello, un valioso regalo que contenía una fotografía de su amado hombre.

Recordaba cada detalle del retrato en su mente y ni siquiera necesitaba mirarlo más, solo tenía que cerrar los ojos para verlo en los más mínimos detalles. Y eso era exactamente lo que estaba haciendo cuando Nicolay se acercó...

Preocupado por la salud de su compañera, pidió permiso a su jefe para visitarla rápidamente.

El sonido de botas pesadas pisando el suelo del porche la devolvió a la realidad.

- ¿Estás aquí a esta hora? - Preguntó sorprendida.

- ¿Vine a ver cómo te sientes y si necesitas algo?

- Por mí está todo bien, no te preocupes... - ella empezó a levantarse de la silla, pero fue detenida por él.

- Déjame traerte una bebida para ti...

- Quédate quieta. ¡Y déjame conseguirlo yo mismo! - aseguró.

Cuando regresó, le ofreció un vaso a Hanna, quien aceptó sonriendo. Libre, momentáneamente, de la triste atmósfera de los recuerdos, se acomodó en su silla y prestó más atención al hombre que había compartido todo con ella recientemente. Nick, a cierta distancia, se apoyaba en la barandilla del balcón mientras bebía el refresco. En silencio miraba la inmensidad de la tierra cultivada y no se daba cuenta que era observado por los ojos amorosos de su compañera que lo imaginaba como un hombre tan culto y con título de médico podía sentirse feliz cultivando tierras ajenas, trabajando como un empleado a cambio de una casa y el bajo salario que le ofrecieron. Por supuesto, esa situación parecía un paraíso comparada con el infierno ardiente de Alemania. Pero el desapego de ese raro hombre era algo fuera de lo común... La ausencia de la ambición que encontraba en él la conmovió tanto que le recordó a su padre, un hombre como Nick, que trabajaba con amor para apoyar a sus protegidos, cuyo enriquecimiento no era nada... fue más que el resultado natural de su esfuerzo.

El médico ruso tenía conocimientos y una historia de años dedicados a prepararse para una carrera casi divina: salvar vidas. Sin embargo, estaba allí frente a ella, vestido como un trabajador del campo, demostrando serenidad y alegría en su rostro.

La joven judía desconocía el verdadero motivo de tanto equilibrio y paz interior, que no era más que su presencia en la reconstrucción de su vida... Título, diploma, estatus y reconocimiento no significaban nada después de todo lo que había soportado durante la el tiempo que vivió en el gueto y todas las cosas más inhumanas que presenció... Un período que intentó borrar de su memoria, aliviado con la llegada de la dulce criatura que el destino le presentó...

El mes siguiente llegó trayendo gran alegría a los extranjeros y una transformación considerable en la situación espiritual de Rud... Hanna se puso de parto en un hermoso amanecer de luna nueva... Nicolay sin las condiciones emocionales para actuar solo en el parto se apresuró a buscar a la partera a unos kilómetros de distancia, dejándola al cuidado de la esposa de Otto... Siguió el camino pidiéndole a divina providencia que protegiera a la mujer y al niño que pronto recibirían la luz del mundo.

Después de muchas horas de dolor y esfuerzo, Hanna dio a luz a Erick, un niño hermoso y saludable que se llenó de contentamiento la casa y todo el valle donde estaba ubicado el sitio de la familia Günter...

En el momento del nacimiento del niño, una luz intensa envolvió a Rudolph, dibujando en su pantalla mental algunas imágenes que no eran muy vívidas. Sin embargo, pudo distinguir vagamente a Hanna y a un niño recién nacido en sus brazos. Esa fue la primera vez que vio el rostro de su amada mujer...

Cayó de rodillas y pidió perdón por todos sus errores y por el daño que había causado a tantas personas debido a su ceguera egoísta... Rogó a Dios que lo sacara de ese horrible ambiente y lloró como nunca lo había hecho en toda su vida. De repente pasó ante sus ojos toda la historia de su última existencia: el escenario de su nacimiento, la infancia, la adolescencia, la vida militar, el encuentro con Hanna y todo lo demás hasta que apareció la imagen final, que fue la de su ahorcamiento... Sin poderlos ver, a su lado se encontraban unos espíritus auxiliadores acompañados de dos figuras más altas, uno de ellos, el padre de la joven judía.

Una fuerza que poco a poco iba aumentando lo dominaba por completo, sin resistirse permitiendo que lo envolviera... Manos invisibles lo sostuvieron y lo condujeron a un lugar de recuperación... Había sido ayudado y tuvo la oportunidad de recuperarse, reequilibrarse y aprender, depender exclusivamente de su esfuerzo, sino para que el fuerte vínculo del amor dejado en la Tierra no perjudicó su despertar, fue inducido a dormir y permanecería así por tiempo indefinido...

Pasaron los meses. Erick creció sano y muy apegado al cariño de su madre y a Nicolay quien, para él, representaba la figura de su padre... Su atención se había vuelto casi exclusivamente para el bebé que necesitaba todos los cuidados.

Fue exactamente en ese momento, inmediatamente después del nacimiento del niño, que Hanna comenzó sus actividades mediúmnicas.

La mediumnidad es un proceso natural al que todo ser humano está sometido, aunque la intensidad y modalidad de las manifestaciones dependen del origen de cada uno. En Hanna se reveló el sonambulismo, en el que la conexión se da durante las horas de sueño.

La comunicación entre encarnado y espíritu se completa de muchas maneras, con o sin el uso de los cinco sentidos, además del entendimiento que normalmente ocurre en estos casos, cuyos objetivos son la clarificación...

Sin estar consciente, abandonó la cama y fue a ver seres invisibles, según las observaciones de Nicolay. Para él, hombre de ciencia, los momentos de sonambulismo que afectaban a su compañera serían acontecimientos normales, si no fuera por las largas conversaciones que sostenía, aparentemente, con nadie. Pero el contenido de las conversaciones demostró intimidad familiar y las confabulaciones entre dos personas de ideas afines siguieron la secuencia común.

- ¿Con quién habló Hanna tan casualmente?- Se preguntó al observarla durante sus paseos en ese estado.

Una vez, el médico, incapaz de conciliar el sueño, estaba leyendo un antiguo artículo sobre el campo médico contenido en una revista encontrada en el pequeño trastero del lugar. De repente, vio una figura femenina deambulando por la casa, dirigiéndose hacia la baranda. Ajena a todo, siguió bajo la influencia del sonambulismo. Teniendo un profundo conocimiento de los efectos que provocaba aquel fenómeno, decidió no despertarla bruscamente, evitando un shock que le llevaría a consecuencias comunes, como una enfermedad repentina o algo más grave...

La joven madre continuó su recorrido hasta llegar al amplio balcón iluminado por la luz de la luna... Una vez allí, abrió una hermosa sonrisa, mostrando la alegría de encontrar a alguien muy querido, entonces comenzó la conversación y utilizó y permaneció en la lengua yiddish, muy utilizada por los judíos nacidos en Alemania...

Nick observó asombrado, el grado de involucramiento que Hanna revelaba en esos momentos era, cuanto menos, preocupante para él ya que no entendía casi nada sobre esos debates, además de tener poca experiencia con casos similares. Ella alternó su estado emocional en esos momentos. Ahora parecía feliz y ligera, ahora sentía una profunda tristeza, bañada en lágrimas desenfrenadas, confundiendo a su buen amigo que analizaba a distancia la insólita escena... Lo que aun no sabía, como la mayoría de los escépticos, era que había un evento que tiene lugar allí intercambio entre los dos planos, padre en espíritu e hija se reunieron gracias a los poderes de mecanismos mediúmnicos que traen noticias, instruyen y elevan a los seres universales...

Así comenzó el proceso de despertar de la joven judía... el fino velo que cubre la incuestionable realidad de la supervivencia de los hombres alemanes y las condiciones en las diversas situaciones en las que se encontraban, él se reveló tímido y cuidadoso, obedeciendo a la Suprema Voluntad de Dios...

Capítulo XVIII
NOTICIAS DE LA GUERRA

La vida siguió el paso del tiempo y el año 1945 irrumpió trayendo cambios, revelando heridas, curaciones.

La Fuerza Expedicionaria Brasileña estaba en Italia para unir fuerzas con los Aliados en el mayor conflicto de la historia, cuyas consecuencias quedarían marcadas para siempre... el fin de tal locura estaba cerca y la noticia llegó: a todos los continentes, crecientes expectativas y pesares. por los resultados negativos aun desconocidos en su totalidad... La mayoría de los implicados esperaban ansiosos el desenlace del triste espectáculo, cuyo sangriento escenario se extendió por gran parte del territorio europeo, donde las ciudades se convirtieron en escenarios improvisados de furia humana... Y, con la derrota de Alemania, cada vez más acorralada, el fin de la destrucción memorable sería cuestión de tiempo... Movidas por esta certeza, la población de los cuatro rincones del mundo se unió a la inmigrantes de esa parte afectada, para vitorear el éxito de las acciones aliadas...

En el sur de Brasil, Hanna y Nicolay se reunieron, aun usando sus identidades falsas, se unieron a la gran corriente vibratoria visible... La caída de Adolf Hitler, visto como el principal impulsor de ese proceso de locura ideado por las fuentes del mal, fue, ciertamente, la única solución en ese momento crítico que vivía la Humanidad...

Los meses siguientes ofrecían grandes perspectivas para el fin del conflicto, y llegaron trayendo la paz a millones de corazones afligidos... La noticia corrió como un gozoso premio ganado, aunque el saldo negativo persiguió a todos. A pesar de los pesares, fue el final de un período trágico y la celebración se sintió en todas partes... Entre las muchas novedades que surgieron ese año, una de ellas se convirtió en la más importante para la pequeña porción del territorio brasileño que se convirtió en un refugio seguro. Para la pareja fugitiva: la carta de Bertha dirigida a su amado hermano a quien no había visto en años...

Con las manos temblorosas y el corazón acelerado, Ludvick Günter caminaba con paso firme y su hijo estaba a su lado. Ambos caminaron en silencio por el sendero florido que conducía a la casa del amistoso matrimonio de Bertha.

En el cielo, el hermoso atardecer ya iba dando paso a la noche que se anunciaba con las primeras estrellas vistas... La larga misiva, guardada en el bolsillo de la camisa de Ludvick, traía las últimas notas de la lejana tierra dejadas atrás cuando, en años anteriores, él y su hermano se aventuraron a cruzar los mares con la esperanza de una nueva vida... Sus deseos se hicieron realidad, después de muchos esfuerzos, encontraron en la patria que los acogió con los brazos abiertos, todo lo que deseaban para convertirse en hombres felices y realizados; sin embargo, los recuerdos de la infancia y la vida con su familia nunca fueron olvidados... En cada oportunidad de conocer al hermano Gerald, la conversación siempre terminaba en recuerdos de un momento inolvidable, que resultaba en horas de charlas y lágrimas de nostalgia...

El camino que los llevó hasta la pareja interesada en la noticia había sido recorrido... Faltaban pocos minutos para que estuvieran actualizados sobre todo lo que había sucedido en Europa luego de la necesaria fuga.

La alegría por el contacto de Bertha fue compartida por igual y, ansiosos, recibieron el sobre que contenía el fiel relato de la situación.

Invitado a sentarse en las sillas dispuestas en el balcón, Nicolay comenzó a leer en voz alta. La emoción expresada por la voz ahogada dificultó las primeras líneas dibujadas, en las que la querida amiga revelaba su amor y añoranza por su distanciado hermano...

Hanna, sentada al lado de su acompañante, no movió un músculo de su cuerpo, ya que la angustia de escuchar noticias sobre Rud la dominaba por completo. Nick no era indiferente a lo que le estaba pasando y, en secreto, temía la posibilidad de tener que alejarse de ella, si su rival venía a buscarla como había prometido... Otto y su padre ya conocían el contenido, pero fueron respetuosos escucharon la lectura... el único indiferente a los acontecimientos fue el pequeño Erick quien, a cierta distancia del grupo, murmuraba algunas palabras mientras se distraía en su mecedora...

Tras leer el primer párrafo dedicado exclusivamente a Ludvick, la bondadosa criatura, responsable de muchas vidas salvadas en aquella odiosa guerra, comenzó el relato completo de los últimos episodios en la Alemania destruida.

"(..) Queridos hermanos y amigos, nuestra Alemania, el grito que nos vio nacer, ya no es la misma... Un espectáculo triste que va en contra de las aspiraciones más sublimes de un pueblo orgulloso de sus orígenes, perdido en la ilusión de un cobarde demente que ahora yace en el suelo nunca lo mereció... ¡La guerra ha llegado a su fin, gracias a Dios...! Sin embargo, nuestros compatriotas todavía cuentan las pérdidas, que les garantizo que son incalculables. Hay ruinas para todos, personas, volviéndose innecesario enumerarlas, porque por más que lo intenté, no pude describirlas...

Ni siquiera en mis más terribles pesadillas encontré un paisaje similar... Me refiero a la casi total aniquilación de la arquitectura, esmerado tratamiento de las distintas construcciones, pero tampoco puedo dejar de mencionar a los millones de seres humanos, víctimas de la delirante y repugnante locura de aquel dictador anticristiano, cuyo nombre me niego a mencionar... Tanto él como su esposa, Eva Braun, se suicidaron en el interior del búnker de Berlín, tras la llegada del Ejército Rojo, el 30 de abril. En los días siguientes, otros miembros y familias de su grupo también utilizaron el suicidio como única forma de escapar... La resistencia de la Wehrmacht, que siguió luchando a pesar de la inevitable derrota, en medio de la gigantesca desproporción de fuerzas y constantes bombardeos aliados... Fue el fin del antiguo sueño de un imperio, de un ideal maquiavélico y de una era de terror... Como herencia, nuestro pueblo sufre la vergüenza y el peso de la culpa que tendremos que llevar a cabo durante un largo período. Triste estigma que nos convirtió en monstruos creados por la cobardía de la connivencia ciega y muda...

¡Oh, mi patria querida, se ha vuelto indigna de mis pasos y de mis sueños...! Te dejo, aunque de mala gana... Pero, ¿cómo permanecer en el mismo suelo cubierto por la sangre de tantos hermanos inocentes? Imposible.

Me siento, al mismo tiempo, huérfana y liberada de una pesada carga de humillación producida por la falsa idea de superioridad racial en la que nunca creí.

Me sigo preguntando cómo un pueblo tan culto se dejó llevar por cuestiones completamente absurdas, cuando se hacían con criterio... Nuestra otrora poderosa nación, que dio origen a la intelectualidad desarrollada, quedó avergonzada, convirtiéndose en una tierra de ignorantes, gente sin educación que dejó de racionar, dejándose llevar por los impulsos más viles que puede tener un ser humano...

Es difícil en este momento soñar con una restauración pacífica. Por mi parte, sin posibilidades... Todo lo que podía hacer por mi pueblo ya está hecho. Guiado por mi intuición y mi fe en la Humanidad, corrí contra la causa aria... Luché lo mejor que pude en un intento por aliviar la terrible situación que se vivía... Me sequé las lágrimas; curé muchas heridas; satisfice mis necesidades e hice amigos... Podría haber hecho más, si no hubiera sido por los nazis a los que me enfrenté - todo pronto llegó a su fin -. la partida de mis queridos amigos enviados a tu cuidado, amado hermano... Acorralada, tuve que huir dejando mi amado hogar, amorosamente construido por mi Kaleb... Escondida en el bosque, permanecí bajo la protección de algunos judíos de la resistencia... Sobreviví a las más adversas situaciones que me enseñaron a ser más fuerte. Fueron largos meses de fuga... Gran ironía, ¿no crees, Ludvick?

Según los nazis, un auténtico alemán tenía que huir para no morir a manos de otros arios legítimos... Fue gracias a mi popularidad entre los judíos que mi vida fue salva... Al final de todo, solo me quedaba una cosa de la que estar seguro: abandonar mi país tan pronto como el tormento terminara. La derrota era segura y toda Europa fue tomada por los Aliados en sucesivas y definitivas acciones promoviendo la paz y restableciendo el orden.

Sin el peligro inminente, pude, como todos los demás, retomar mi vida. Pero preferí mantener mi decisión de irme. Ya no hay lugar para mí en Alemania, no después de todo lo que ha pasado y todo lo que he perdido... De hecho, hemos perdido todo... Me quedé con la alegría de verlos nuevamente, y con esa intención dejé la nación destruida... Sorprendido por la rara belleza de este lugar tropical, me enamoré apenas llegué aquí... Tierra bendita, gente feliz que desconoce el lado oscuro de la guerra y sus consecuencias...

Aquí me encuentro, hermano mío, en el suelo que tú sabiamente elegiste para plantar tus raíces... Seguí el mismo camino que muchos de mis compatriotas y hace una semana me encontré en el sudeste de Brasil... formando parte de un grupo de europeos desilusionados y que sufren años de penurias humillantes, de moral financiera. Esperamos la llegada del transporte que nos llevará, por tierra, al sur del país. Mientras tanto, nos adaptamos al nuevo clima y costumbres diferentes... Sonreímos ante tantas sorpresas y lloramos por nuestras desgracias y por las añoranzas de quienes se perdieron o incluso enfrentan la complicada reconstrucción...

Dentro de unos días estaré llegando a tu casa, como un ejercitante pidiendo refugio, hermano... La ansiedad aumenta a medida que pasan los días y el anhelo acariciado durante años comenzará su cuenta atrás... Verte de nuevo y poder para abrazarte después de los largos años de separación, serás una luz en mi oscuro corazón... Para volver a estar en tu compañía y en la de los demás fieles amigos, me parece un premio divino, tal vez un mérito después de tantas decepciones... Mi deseo y lo único que quiero poder, algún día, tal vez, mirar atrás y ver que todo lo que pasé quedó en el pasado y que éste me quitará más lágrimas amargas, actual compañera de esta hermana que te ama mucho...

Sin más, conmovida por la emoción de las confesiones...

Bertha Günter Golim

São Paulo, 25 de noviembre de 1945."

La lectura de la carta terminó con la emoción de todos. Bertha ya estaba en Brasil. Cada uno de ellos apreciaba sus propias emociones. Nicolay estaba feliz por el futuro reencuentro con su amiga que lo ayudó mucho. Sin embargo, en el fondo tenía miedo de su llegada, porque sabía que Rudolph debía venir con ella, como estaba acordado... Con la llegada de su rival, su esperanza de ganarse el amor de Hanna se acabaría.

Ella, a su vez, vio el más cercano cumplimiento de las promesas de su amado el día en que se despidieron en el campo de Treblinka. Sin embargo, la falta de mencionar su nombre le apretó el pecho de manera inexplicable, y un dolor físico, pero invisible, la dominó por completo...

Ludvick, ajeno a los secretos que los rodeaban, se emocionó con la llegada de su hermana y pronto se fue, llevándose la carta consigo...

Capítulo XIX
LA DIFÍCIL NOTICIA

El aviso de la llegada de Bertha hizo posible que todos se prepararse con antelación. El anuncio cambió la rutina de los habitantes de la tierra prometida, un refugio seguro y distante para muchos que abandonaron la alarmante arena... Gran ajetreo en torno a los preparativos realizados para recibir a uno de los supervivientes del mayor desastre de la Humanidad, según la larga confesión recogida en las líneas enviadas, dando la más mínima noción de las condiciones; donde estaba la reciente refugiada.

El afligido hermano insistió en lo mejor y tanto su esposa como su hijo Otto no escatimaron esfuerzos para cumplir con todas las exigencias del patriarca. Hanna era la más angustiada de todas, ya que sus pensamientos zumbaban por la falta de noticias de Rud, lo que aumentaba mucho la incertidumbre respecto al tan esperado reencuentro... No encontró paz en esos días, haciendo que la sangre fluyera y se intensificase y provocase un desequilibrio importante en los latidos de su corazón. Atento a todo el movimiento; no perdió de vista a nadie y, ansiosamente, contó los minutos.

Quedaba por ver a la mujer que traería más detalles sobre el prometido cambio de su amado para unirse a ella y a su hijo... El desencanto se acercó a su alma sufrida, mezclando diferentes sensaciones; ocultas cautelosamente en lo más íntimo de su ser. Algo estaba fuera de lugar, desafinaba... ignoró la verdad ya revelada en sus experiencias de sonambulismo y, al no querer ver lo que su mediumnidad captaba en tales momentos, lo reprimió buscando protegerse del dolor interminable que la invadía...

Llegó el día tan esperado. Fue al final de la tarde, cuando el Sol irradiaba tímidos rayos detrás de una de las frondosas montañas talladas en ese valle, que aparcó en la puerta el carruaje de alquiler, medio de transporte habitual en aquel pueblo de empinados caminos que cortan por esa porción de tierra brasileña. En él aparecía una esbelta figura femenina, cuyo físico visiblemente sacudido denunciaba los meses de lucha por la supervivencia en las florestas europeas...

El idioma fue el mayor obstáculo y solo gracias a la dirección garabateada en pequeños trozos de papel llegaron a su destino. El conductor, muy educado y servicial, la ayudó a desembarcar y solo se fue cuando vio que la recibían con los brazos abiertos.

Ludvick fue el primero en saludarla, entre lágrimas de nostalgia y alegría... Los espectadores, también conmovidos por la emoción, esperaban las presentaciones. Tanto Nick como Hanna formaron parte de la conmovida audiencia.

Para la judía fue un shock verla llegar sola, por lo que permaneció en silencio y a cierta distancia sosteniendo al pequeño retoño en sus brazos.

El médico ruso se acercó a los demás. Ajeno al torbellino de emociones que vivía su amada mujer, se detuvo frente a la criatura más humana que había conocido en Alemania y no pudo permanecer indiferente ante los cambios que los últimos tiempos habían provocado en ella... A pesar de ser aparentemente mayor, su mirada aun rebosaba la misma serenidad de siempre... Frente a uno de sus protegidos, balbuceó algunas palabras en dialecto yiddish. Su voz ahogada articuló palabras que salieron solo después de múltiples esfuerzos por superar la conmoción causada en ese conmovedor momento.

- ¡Qué alegría poder reencontrarte, amigo...!

- La alegría es toda mía... - respondió Nick, sintiendo una fuerte sensación de éxtasis invadiendo todo su cuerpo.

Hanna se acercó temerosa. Un malestar desconocido le oprimía el pecho, la sequedad de la boca y el nudo en la garganta impedían cualquier medición. Su júbilo ante la presencia de su amiga no logró ahogar la decepción que sentía por la ausencia de Rudolph. Solo una razón muy fuerte le impediría estar allí, y fue exactamente la causa de ese obstáculo la que buscó, en segundos, descubrir...

Bertha sonrió dulcemente al verla trayendo a un hermoso niño que, de seguro, sería su sobrino nieto concebido en el campo de concentración. Se sorprendió al notar el gran parecido entre ese niño y su hermano Klaus cuando tenía la misma edad.

Los recuerdos de un pasado lejano repentinamente resurgieron, llevándola de regreso a su infancia...

Instintivamente abrió los brazos para recibir en ellos al hermoso niño... Abrazándolo contra su pecho soltó la frase en alemán:

- Mi pequeño, cómo te pareces a tu abuelo Klaus...

Ludvick al escucharla también se acercó, tratando de ver en el niño el mencionado parecido sin entender nada del comentario de su hermana.

Al darse cuenta que la sorpresa inesperada la había traicionado, se volvió hacia su hermano.

- De repente me vi de niña, en nuestros momentos familiares... ¿Aun tienes algún recuerdo de aquellos tiempos?

- ¡Guardo cada pasaje en mi memoria y en mi corazón! - Asintió el anciano, curtido por el tiempo y la separación definitiva de su familia. Pero te referiste a este niño como tu nieto, hijo de nuestro hermano menor...

- El largo viaje debe haberme confundido y dañado mis pensamientos... - se disculpó con una sonrisa tímida.

Convencido por la explicación, la condujo al interior de la residencia. Todos lo siguieron en una procesión vistosa y locuaz, a excepción de la silenciosa Hanna.

Ya era de noche y el cansancio no impidió la larga conversación familiar... Todos participaron, haciendo imposible cualquier diálogo más íntimo entre la inmigrante y la joven judía.

Era imperativo mantener una descripción completa. Poco se cuidó respecto a la verdadera identidad y origen de la joven pareja que había aterrizado allí... Sin embargo, en cierto momento durante la cena, Ludvick quiso saber noticias sobre la familia de su hermano Klaus.

Bertha rápidamente pensó en una manera de decir la verdad sin asustarlos.

- Nuestro hermano Klaus y su esposa Gertrudis murieron víctimas de los excesos del nazismo... Irónicamente, su hijo, Rudolph, era uno de los oficiales del ejército nazi...

La noticia conmocionó a todos, quienes casi al mismo tiempo exclamaron su pesar por el trágico final. Ludvick golpeó la mesa expresando su desprecio por el régimen dictatorial que causó tanto daño a sus seres queridos ya muy lejos.

Hanna, perpleja, sintió pena por la pérdida que había sufrido su gran amor y, por tanto, atribuyó el hecho a que Rudolph no vino a Brasil con su tía. Pensó en lo mucho que debió haber sufrido y se culpó por estar tan lejos de él en un momento tan difícil...

La noticia puso fin al largo silencio, y sin reprimirse quiso saber más detalles.

- ¿Hace cuánto tiempo ocurrió esta desgracia con sus familiares y cómo se produjeron las muertes?

- Querida, hace meses que me enteré de las muertes. Más tarde; sin embargo, todo indica que ustedes dos se marcharon aproximadamente una semana después de su llegada.

A falta de más detalles no puedo decir exactamente cómo ocurrió tal desgracia... Gracias por mi amistad con algunos oficiales opuestos a los excesos nazis, recibí la consideración de ser comunicad, a diferencia de la mayoría de la población: a quienes perdieron a sus seres queridos en la maldita guerra...

Todos guardaron silencio. La joven semita no conocía a los padres de Rudolph, pero sí sabía de su amor y admiración: lo que su amado tenía por ellos y lo doloroso que debió ser perderlos así...

El tema principal fue el incumplimiento de la promesa que hizo al despedirse, porque ya no quedaba nada en Alemania, nada que lo retuviera en ese país. Ni siquiera su puesto como oficial de las SS se había conservado con la derrota por los aliados... Había pasado el tiempo y la herida abierta por la desencarnación de sus padres ya había cicatrizado.

- ¿Qué es lo que más te frenó en Europa? - Pensó, buscando explicaciones al vacío que dejaba su ausencia. Por segundos, una nube negra vagaba por su mente, haciéndola considerar la existencia de otra mujer en la vida de Rud, haciéndole pensar que solo gracias a otro amor él podría olvidarla en un lugar tan distante...

- Pero, ¿qué pasó con la eternidad que juraron en momentos de intimidad? - Pensó Hanna, recordando las sinceras confesiones que tantas veces intercambiaron en el breve lapso que compartieron.

Angustiada, intentó en vano encontrar justificaciones. Sin resultados convincentes, vio desmoronarse sus sueños sin abrazar los nuevos caminos que el destino le presentaba. La idealización del amor verdadero sumada al gran deseo de vivirlo lejos de los horrores de la guerra, envolvió su inconsciente con niebla, creando un mecanismo protector que evitó causarle un sufrimiento atroz con la condición espiritual de su amado...

Solo Bertha pudo sacarla de esa ilusión, ya que el poder de la mediumnidad con las constantes apariciones del espíritu paterno no fue capaz de hacerla comprender la situación real.

La revelación de la desencarnación de Rudolph no se hizo esperar. En cuestión de horas, todo se transformaría en la vida de Hanna, Nick y el pequeño Erick...

El día siguiente amaneció nublado y triste, el tono grisáceo de las nubes que colgaban del cielo coincidía con el estado de ánimo de Bertha, quien amaneció decidida a contar la tragedia que derivó en la muerte de su sobrino.

Nada más terminar de desayunar se despidió con el pretexto de querer visitar a la pareja de amigos antes de salir a conocer el lugar y sus alrededores en compañía de su hermano. Ella se disculpó, pero desestimó cualquier compañía, tenía intención de ir a visitarlos sola.

En el camino oró. Pidió a Dios fuerza y coraje para llevar a cabo la difícil tarea de dar la fatídica noticia. Ella sería la portadora de tal desgracia, por eso su rostro estaba lleno de dolor y arrepentimiento.

Todavía era muy temprano y Nick se estaba preparando para otro día de trabajo. Afectado por la pesada sombra que se había posado sobre el alma de su compañera, despertó con la cabeza gacha aquel día. Verla tan deprimida lo hizo sufrir, tanto que se culpó por el alivio que sintió al no ver a su rival entrar a la casa que había tomado como propia. Perder a Hanna sería el final definitivo para él, pero como la amaba tanto podría renunciar al verdadero sentimiento que tenía por su felicidad... Sería capaz de cualquier cosa por esa mujer tan especial, tan poderosa e intensa. Sin embargo, no encontró manera de cambiar la realidad. Por eso prefirió permanecer en silencio y distante hasta que el tiempo calmara el sufrimiento causado a aquella hermosa alma femenina...

Ya se dirigía hacia la puerta. Se iría sin despedirse, porque madre e hijo seguían durmiendo abrazados.

Se sorprendió al ver a Bertha parada en el porche. No esperaba esa visita y, sin saber qué hacer, simplemente sonrió.

- ¡Buenos días, Nicolay! Sé que todavía es muy temprano, pero tenía muchas ganas de esta visita... ¿No me invitas a pasar a tu su casa?

- Disculpa... ¡Pasa, por favor! - respondió, ebrio de emoción -. ¿Aceptas un café? Acabé de colarlo.

- Muchas gracias. Ya tomé mi desayuno... ¿Dónde están Hanna y el chico?

- Están en la habitación. Le avisaré de tu llegada. Espera un minuto por favor.

Minutos más tarde, llegó Hanna cargando a su hijo, todavía somnoliento.

- ¡Buenos días tía Bertha! No lo creí cuando me informaron de tu visita...

- ¡Buenos días mi querida! Te debo una disculpa, ya que vine sin avisarte...

- ¡No te preocupes por las etiquetas, nuestra casa también es tuya! - Respondió Nick sonriendo.

Bertha los miró con inmensa ternura y vio cómo formaban una hermosa familia. Interiormente esperaba que durante el período de convivencia pudieran haberse enamorado el uno del otro, haciendo más fácil la misión que le asignó esa mañana.

- Es una casa muy acogedora. veo que estas bien instalados y con sus vidas en orden...

- Es verdad... ¡Todo esto se lo debemos a tu amabilidad! Aquí no nos falta nada: tenemos un techo, un trabajo y una vida tranquila... - aseguró Nick -. Ven, te mostraremos el resto de la casa.

- Sí, quiero conocerla, pero, ¿no los molesto?

- Nunca. Entonces le explicaré al Sr. Otto mi retraso... estoy seguro que lo entenderá...

- ¡Entonces vamos a ver la casa de mis queridos amigos! - Exclamó la señora, ofreciendo los brazos para que la condujeran.

Luego del recorrido por el interior de la residencia, el pequeño grupo se instaló en el balcón para conversar amistosamente, como solían hacer. Sin embargo, en aquella ocasión todo sería muy diferente a las costumbres. Bertha buscaba una manera de comenzar la revelación. Saber más de Erick.

Despierto aprovechó para entrar en tema.

- ¡Qué lindo y saludable es el pequeño Erick! Mi sobrino estaría orgulloso de conocerlo...

Nick se quedó sin aliento y recurrió a Hanna en busca de apoyo. Suspiró aliviada y agradecida por finalmente poder saber el paradero de su único amor.

- Desde tu llegada he estado deseando saber más sobre él y no vi las condiciones para preguntarte.

- Me lo imaginé, por eso vine tan temprano y sola... - respondió la buena señora -. De hecho, le di alas a mi imaginación esperando a que ustedes estén realmente juntos, ¿me entienden?

Los dos se miraron y, sorprendidos por la confianza, quedaron sin respuesta. Fue él quien habló primero.

- Hanna y yo somos grandes amigos. Vivimos en pareja, según lo acordado... Todos por aquí creen que estamos casados y que Erick es nuestro hijo, pero les puedo asegurar que nunca ha habido algo más íntimo entre nosotros... Siempre la he respetado, como también respeto el sentimiento ella que tiene por tu sobrino... - concluyó en tono sincero.

- Entiendo y creo en lo que me cuentas, aunque lo siento...

- ¿Cómo así? - preguntó Hanna sorprendida, y ante el silencio de la visitante, insistió -. ¿Está pasando algo? ¿Por qué Rud no vino a verme...?

Al ver que la joven todavía lo esperaba, tuvo grandes dificultades para contarle el cruel destino del oficial nazi eliminado. Suspiró profundamente sin contener algunas lágrimas furtivas. Agarró con fuerza la almohada que sostenía en su regazo y comenzó la narración con determinación.

- Rudolph no puede venir ni podrá... Confieso que, cuando me acerqué a ti esta mañana, vine orando para encontrar valor, además de pedirle a Dios que te encontrase viviendo en un matrimonio real...

- ¿Por qué necesitas tanto coraje? - Hanna temblaba de pies a cabeza -. ¿Por qué dijiste que Rud no podía venir...? ¡Cuéntamelo todo, por piedad...! Lo he estado esperando cada segundo desde el día que nos despedimos...

- Tranquila, Hanna, dale un tiempo para hablar... - le aconsejó su acompañante con el mismo cariño con el que siempre la trataba.

- Gracias, mi querido. Realmente necesito tiempo, porque lo que tengo que decir no es nada fácil... - la breve pausa le pareció una eternidad -. ¿Recuerdas la conversación de ayer cuando hablé de la muerte de mi hermano y su esposa? - Con la afirmación de ambos continuó -. Bueno, todo sucedió después de su fuga del campo de concentración... - dijo mirando a Hanna. Ya no es un secreto para nadie que los judíos fueron llevados a los campos para ser exterminados en las cámaras de gas o por agotamiento en el trabajo esclavo; ese sería tu destino... Pero, gracias al amor de mi sobrino y al coraje de salvar tu vida, hoy te encuentras aquí, sana y salva, criando el fruto del gran amor nacido en ese ambiente tan hostil.

La narración se detuvo por unos segundos. Los dos oyentes no movieron un solo músculo, por lo que toda la atención estaba puesta en la narradora.

- Cuando el comandante del campo se enteró después de la fuga del grupo de judíos del que formabas parte, nuestro querido Rudolph se convirtió en el principal sospechoso...

- Tuve miedo de eso y le advertí del peligro que corría... Se convirtió en prisionero de guerra, ¿no? - Preguntó ella, completamente conmocionada.

- Antes se había convertido en prisionero, porque en ese momento habría sido libre y considerado un mártir por salvar de la muerte a algunos judíos...

- Entonces, si ese no fue el destino de tu sobrino, ¿qué pasó con él? - Preguntó Nick.

Con lágrimas corriendo por su rostro, concluyó Bertha.

- Fue considerado un traidor a los ideales nazis y pagó con su propia vida... Condenado, murió en la horca el día después de su fuga, así como todos los demás quienes participaron en el plan que sacó al pequeño grupo de las garras mortales... Una semana después, los padres de cada oficial y otros familiares encontrados corrieron la misma suerte y fueron ejecutados sumariamente... ¿Yo? Tuve suerte y no me encontraron inmediatamente, pero poco después de tu llegada a Brasil me informaron que la Gestapo y las SS me seguían la pista. Así que hui al bosque y me quedé allí hasta que terminó la guerra... ¡Lo siento, queridos, pero Rudolph, sus amigos y su familia están todos muertos...!

Hanna, al principio, no reaccionó. Ella no parecía creer lo que había escuchado, pero de repente, una reacción inusual se apoderó de la joven que comenzó a temblar sin parar, mientras repetía sin cesar la frase.

- ¡Mi Rud está muerto...!

Minutos después, todo se volvió oscuro a su alrededor y, luego ella cayó inconsciente.

Cuando despertó estaba en su cama, pero ya no era la misma de antes.

¿Cómo afrontaría la nueva realidad sin su gran amor, sabiendo que había muerto para salvarla?

Capítulo XX
EL DOLOR DE HANNA

Después de la larga espera, adornada con el sueño del reencuentro; del vacío que impone la distancia; de tantas expectativas en las noches de insomnio, cuando el anhelo hizo su hogar; de nutrir todos los recuerdos almacenados en la memoria como un tesoro secreto lleno de esperanzas, enterarse de la muerte de Rudolph fue un golpe desafortunado para ese corazón femenino, tan cansado de tantas pérdidas. Peor aun era sentir el peso de la culpa que la acusaba incesantemente, cuyo derecho a su vida tenía un precio demasiado alto.

El dolor era insoportable e indivisible... el arrepentimiento por haberlo dejado destruyó su alma... Mejor haber muerto en aquellas cámaras como tantos otros judíos que haber participado en esa arriesgada fuga sin, al menos, considerar la responsabilidad que Rud asumió el acto heroico cometido. Él estaba muerto, y la vida había terminado para la joven, ahora destruida... No había más luz, y solo la vasta oscuridad habitaría en sus siguientes cálidos días... Se sentía acabada y perdida por completo... sin la motivación para seguir viviendo. Nada podía apartarla de las ideas suicidas que continuamente visitaban su mente. Ni siquiera Erick, fruto del amor cosechado por el duro destino; Hanna se entregó a la apatía, la desesperación muda, el desprecio de sí misma... La vida había perdido completamente su significado... Ningún esfuerzo ni cuidado amoroso por parte de Nick; ni las súplicas desesperadas de Bertha; mucho menos podrían las necesidades más exigentes del niño animarla, devolviéndole la fuerza de voluntad para continuar su misión terrena...

Ya había pasado un mes. Nicolay también sufrió al darse cuenta que su amor era incapaz de poner fin a aquella terrible experiencia. Verla languideciendo en la cama desde aquel día revelador, sin decir una palabra, solo un gemido que demostraba alguna reacción, lo hirió intensa y profundamente…

La mujer de la que se había enamorado estaba pasando por un intenso estado de depresión y no todos los conocimientos que adquirió en años dedicados a la medicina fueron capaces de curarla, y observar pasivamente esa fase interminable se convirtió en un cruel castigo…

La falta de acceso previo o intereses actuales al conocimiento sobre la vida extrafísica ha sido siempre un obstáculo para la evolución consciente de la Humanidad. Quizás sea por eso que las sombras aun ejercen una cierta fascinación sobre el hombre, retrasando la realización del plan divino para el planeta que nos cobija.

La conciencia humana es un componente clave para tal empresa, pero por sí sola no es suficiente para el éxito de las transformaciones necesarias en la implementación de la felicidad permanente prometida por el Mesías... El conocimiento de la Doctrina de los Espíritus y, en consecuencia, de la existencia y rutina de las muchas moradas que existen en el Universo, así como la correlación entre estos mundos sumado al esfuerzo individual en la práctica de las virtudes que elevan y divinizan, son los medios para eliminar tantas dificultades y sufrimientos existentes.

Si hoy, a principios del siglo XXI, cuando los hombres están más centrados en la espiritualización, todavía resulta difícil controlar las acciones de las fuerzas contrarias a ellos, continuamente alimentadas por los innumerables vicios profundamente arraigados en nuestro periespíritu, ¿qué podemos decir del siglo anterior, más concretamente de las décadas posteriores a la Segunda Guerra Mundial, cuando las clarificaciones espirituales todavía tomaban los primeros pasos en el largo viaje? Porque fue precisamente en estos períodos que vivieron nuestros personajes, completamente ajenos a la Doctrina esclarecedora.

El tiempo pasó demasiado lento para los implicados en la historia del oficial nazi y un prisionero de Treblinka... Ludvick y su familia ya conocían toda la historia y, afortunadamente, aceptaron la inclusión de una mujer judía, superviviente del mayor Holocausto, en la descendencia aria... Un hecho que agradeció mucho la hermana, víctima, en décadas anteriores, de prejuicios familiares respecto a su romance con el inolvidable Kaleb.

- ¡La vida lejos de las huellas de la excelencia racial alemana te transformó mucho, hermano mío! - Observó Bertha durante una conversación -. Temía por la verdadera identidad de mis amigos... Me imaginé que no serían bienvenidos por ti...

- Aprendí mucho de los brasileños, un pueblo alegre, receptivo y muy amigable. Pero confieso que si hubiera sabido la verdad el día que llegaron aquí no los habría recibido de la misma manera... Quizás por todo este horror de la guerra narrada por ti y las noticias que llegaban de todos lados fueron los responsables del cambio "en mi corazón experimentado" - confesó uno de los descendientes de Günter, poseedor de un espíritu renovado modificado por el contacto con otro tipo de cultura y la acción del tiempo.

- A pesar del poco tiempo en este país, debo estar de acuerdo con la receptividad de estas personas tan diferentes. Y su confesión no difiere de la de muchos compatriotas que ahora pueden ver el gran daño que el nazismo causó a la Humanidad...

- Lo siento por nuestro hermano Klaus y su familia...

A veces me siento receptivo por su trágico final... Si hubiera tenido la idea de convencerlos a todos ustedes de lo maravilloso que es este país, quién sabe, habría evitado el triste desenlace...

- ¡No te martirices...! Te garantizo que tu esfuerzo sería en vano, porque nuestro hermano, orgulloso de sus orígenes, nunca abandonaría nuestra patria.

Él accedió sin dejar de sentir remordimiento por la propia indiferencia hacia el bienestar de sus familiares.

Lo único que le quedaba ahora era su hermana y su sobrino nieto, hijos que sufrieron las consecuencias del sufrimiento de su madre y del que conocía como su padre. Éstos, atormentados por los recuerdos de la guerra y completamente merecedores de la oportunidad concedida...

- ¿Por qué tanto odio, tantas separaciones y miles de muertes? Me equivoqué en el nombre, ¿puedes decirme?

- Yo también estoy buscando esa respuesta... - Suspiró Bertha con tristeza.

Sin una fecha límite establecida para poner fin al sufrimiento que la atormentaba, Hanna experimentó un dolor supremo y en la soledad de sí misma pasaron los meses sin volver a dar vida al espíritu... Sin el conocimiento sobre la supervivencia del espíritu después de la desencarnación, ignoró los rescates por los que tuvo que pasar, tan necesarios para el refinamiento mismo.

Aislada en su sufrimiento, no entendía que la muerte era una separación temporal y formaba parte de un plan elaborado antes de la encarnación. Solo entendió que su acción no tenía la capacidad de destruir el amor verdadero, sino que, más bien, aniquilaba el cumplimiento de todos los deseos divididos en los momentos compartidos...

El dolor que se vivía en su interior también afectó a Nick, un hombre fuerte y acostumbrado a las pérdidas, a las privaciones de todas las especies y con las migajas que ofrece el destino. Estaba siguiendo la fase difícil, esperando el final soñado...

Como era un hombre vinculado a la ciencia, no se contuvo en esferas superiores a través del medio más eficaz para conectarse con Dios: la oración. Pero en sus pensamientos pedía ayuda y un futuro mejor. Sin embargo, hermanos invisibles de luz lo acompañaron en esos momentos con el fin de transmitirle firmeza de espíritu y desinterés.

Una noche, un equipo espiritual estaba en esa casa. Había venido con la tarea de ayudar a algunos espíritus sufrientes que rodeaban a Hanna. La baja sintonía y el aura pesada que rodeaba a estas criaturas perdidas influyeron fuertemente en ella, dificultando la aceptación de la voluntad divina. Todos, víctimas de la ignorancia espiritual y del nazismo, vieron en aquel estado lamentable en el que se encontraba una forma eficaz de llegar hasta Rudolph, ya rescatado del barro del Umbral...

Víctima de un ataque terrible e invisible, no pudo encontrar fuerzas para hacerla reaccionar y así, cada vez más, se hundió en la oscuridad del sufrimiento. Por eso, todos los días se dispuso asistencia y, poco a poco, fueron rescatando una a una aquellas almas movidas por el sentimiento de venganza; mientras estaban siendo ayudados, la vibración en el lugar se hizo más ligera y, como resultado, la salud mental y la fuerza espiritual de Hanna también fueron restauradas...

La normalidad volvió lenta, pero definitivamente... Fue una alegría para todos y, especialmente para Nicolay, cuando vio, poco a poco, que el mundo de su amada mujer ya no estaba indefinido y la cama era abandonada...

El Sol se volvió más brillante y los días más felices con el fin de ese estado depresivo corrosivo y amenazante.

Y por supuesto nunca volvería a ser la misma, porque dentro de ella permanecería para siempre el dolor de la culpa y la sensación del amor pospuesto...

Mientras tanto, en la otra dimensión, Rud se hizo más fuerte sin recibir los fluidos desequilibrantes que le provocaba el sufrimiento de Hanna.

Capítulo XXI
EL DESPERTAR DE RUDOLPH

Llevado a una especie de enfermería con cientos de camas ocupadas, él despertó de su largo sueño, pero todavía estaba algo confundido e incluso imaginó que lo habían sacado del campo de concentración. Sin embargo, cuando miraba más de cerca los objetos que lo rodeaban, cuyo compleja tecnología era muy diferente a las utilizadas en la Tierra, recordó su nuevo estado. Admirado por tanta noticia, ni siquiera notó el acercamiento de un desconocido que, por la ropa blanca y cómoda, dedujo que era un enfermero.

- ¿Cómo te estás sintiendo?

- Estoy confundido, muy confundido... ¿Dónde estoy? - Preguntó, simpatizando con esa figura amigable y de rasgos amables.

- En un lugar de descanso y renovación.

- Te refieres a un hospital, ¿verdad? - Sin esperar respuesta, continuó -. Ya me lo imaginaba... Pero contéstame, ¿por qué escucho a estas personas hablar en un idioma que no conozco? ¿A dónde me han traído?

- ¡Estamos en un hospital perteneciente a una Colonia espiritual ubicada en Brasil!

- ¿Brasil? ¿Colonia...? Estoy cada vez más confundido...

- ¡Cálmate! Eres consciente que ya no estás encarnado; es decir, que ya no perteneces a la vida en la Tierra... Fuiste recogido de un lugar de sufrimiento donde estabas y llevado a un hospital en el mundo espiritual.

- Entonces, ¿realmente estoy muerto...? - preguntó decepcionado.

- No muerto, el término correcto es desencarnado. Pero, ¡intenta calmarte! Piensa en Dios y agradece la oportunidad que estás recibiendo, muchos aun no se han podido recoger...

- ¿Cómo así? No entiendo lo que me estás diciendo...

- ¿Recuerdas la oración que hiciste cuando todavía estabas en la zona del dolor siendo perseguido? Bueno, ¡fueron tus palabras dichas con tanta sinceridad las que lo trajeron aquí...!

- Pero, ¿por qué terminé en Brasil, tan lejos de mi tierra natal? - Rud ya imaginaba el motivo, aunque necesitaba escucharlo de ese extraño con expresión amistosa.

- Estás aquí por alguien muy especial, cuya conexión es muy fuerte...

-¿Hanna...?

- Exactamente. Ahora necesitas descansar. Cuando te despiertes podremos hablar más. ¡Duerme...!

El enfermero extendió su mano derecha sobre su cabeza y rayos de colores se proyectaron hacia él, haciéndolo quedarse dormido segundos después.

Por primera vez en mucho tiempo durmió tranquilamente. Parecía que se movía en un ambiente diferente a aquel donde descansaba su "cuerpo" y una suave luz envolvía todo a su alrededor. Sinfonías provenientes de un lugar que no podía detectar llenaban ese ambiente. A lo lejos notó que se acercaba una figura luminosa. Sin embargo, no pudo distinguir quién era...

- ¿Cómo estás? Ha pasado mucho tiempo desde la última vez que nos vimos...

Rud no sabía quién podía ser, pero era una voz familiar.

- ¡Estoy bien mejor ahora! ¿Quién eres y dónde estamos?

- Estamos en una dimensión diferente a aquella donde reposa mi cuerpo... Mi periespíritu fue traído a este encuentro...

- Pero, ¿quién eres tú? No puedo entenderte claramente... Sé que te conozco, aunque no recuerdo dónde...

- Mi nombre es Nicolay. Soy un amigo de otros tiempos y, junto con otras personas, me preocupo por tu bienestar.

- ¿Tú también estás muerto? - Rudolph anhelaba respuestas.

- Pertenecemos al mundo de los encarnados desde hace algunos años, pero seguro que nos volveremos a encontrar. Ahora necesito irme. Tengo que despertar en el mundo físico. ¡Adiós!

- ¡Adiós! ¿Cuándo nos volveremos a ver? Me siento reconfortado en tu presencia. ¿Has tenido noticias de mi Hanna? ¿Sabes quién es?

- Sí la conozco. Les traeré noticias en nuestra próxima reunión. Ahora volveré.

- Ya hablaste del periespíritu… ¿qué es eso?

- ¿Es como se llama este cuerpo que uso?

- ¿Entonces nos volveremos a ver?

- Ciertamente...

Rodeado por un suave remolino luminoso, no vio nada más y cuando abrió los ojos estaba acostado en la misma cama que el puesto de primeros auxilios.

- ¡Buenos días, hermano! - Era el mismo enfermero con el que había hablado antes.

- ¡Buen día!

- Veo que estás mucho más dispuesto… ¡Qué maravilla!

- Soñé con alguien que parecía ser un gran amigo... Alguien querido... No sé cómo explicarlo bien...

- Durante el sueño solemos encontrarnos con seres queridos encarnados o desencarnados. La muerte no nos separa de aquellos a quienes amamos.

- ¿Es verdad? Pero ¿por qué me separaste de mi amor, Hanna? ¿Por qué no puedo ver a mi ser querido?

- Para todo lo que pasa y para lo que no pasa, siempre hay una razón...

- Perdí la noción del tiempo... ¿Cuánto tiempo llevé deambulando a través de esa horrible región?

- Veo que anhelas muchas respuestas... Y, respondiendo, por un período no muy largo... te puedo decir que llevan decenas de años conociendo hermanos...

- ¿Por qué hablamos a través de la transmisión del pensamiento?

- ¡Usamos este método de comunicación por aquí!

- No entiendo eso. Morí en Alemania y me veo en este lugar desconocido...

- Si estás muerto, ¿cómo puedes estar hablando conmigo? - dijo el enfermero.

- Me confundes...

- Perdóname. Para muchos, la muerte es el fin y, cuando se enfrentan a la nueva condición de espíritu y a la continuidad de la vida, les resulta difícil comprender que no es más que una transformación, un cambio de estado, ¿entiendes...? - Esperó unos minutos a que el joven espíritu asimilara la información y luego sugirió -. Paseemos por los jardines para que conozcas nuestra Colonia espiritual.

- ¿Puedo salir a caminar?

- Claro que sí. Ya estás en condiciones de hacerlo, además, respirar el aire de los jardines te hará mucho bien.

- Sabes mi nombre, y yo todavía no conozco el tuyo...

- Mi nombre es Albert... ¡Vamos! - Dijo mostrando la puerta que los llevaría al jardín.

En el área exterior el recién llegado quedó sorprendido por la organización, el jardín era inmenso, con varias especies de flores y plantas lo decoraban con armoniosa belleza. Un pequeño riachuelo de agua clara recorría el jardín, separándolo en dos partes iguales... Varias bancas estaban distribuidos en distintos rincones, todas pintadas de blanco y protegidas por frondosos árboles, cuya sombra invitaba al descanso y a largas conversaciones. Se sentaron en una de las bancas.

- Hablo varios idiomas, pero el portugués no forma parte de la lista de idiomas que domino... ¡Me gustaría haberlo aprendido, al menos ahora lo usaría, ya que estoy en algún lugar de Brasil! - Exclamó Rud sonriendo.

- De hecho, puedes aprenderlo... Solo que, cuando estés en condiciones de hacerlo, inscríbete en el curso que se imparte aquí mismo en la Colonia...

- ¿Puedes aprender idiomas aquí? ¡Cuántas cosas nuevas! Nunca imaginé la vida después de la muerte, aprender idiomas entonces...

- Prepárate amigo, porque aprenderás mucho, si estás dispuesto, ¡y lo harás...! Aquí hay cursos que no encontramos en el planeta y de ellos aprendemos ciertas virtudes necesarias para nuestro crecimiento espiritual... Puedo mencionar algunas como: el curso de paciencia; de caridad; de respeto, además de cursos prácticos de adaptación a la nueva dimensión, entre ellas, la volitación, higiene; y tantos otros... - sonriendo ante la expresión de asombro provocada en su amigo, concluyó el hermano espiritual -. Pero no te preocupes por eso ahora. Las cosas te serán reveladas mientras te reequilibras.

- Veo que me esperan muchas sorpresas, empezando por la modernidad ¡las cosas que ya he visto...!

- Ya podrás entender mucho sobre las diferencias entre las dos dimensiones y, con el tiempo, recordarás y verás la gran verdad que la Tierra imita al mundo espiritual y no al revés como muchos imaginan... Somos seres universales y eternos, ya hemos hecho prácticas para innumerables lugares entre idas y venidas... Pero olvídalo por ahora. Aprovecha para respirar largas bocanadas de este maravilloso perfume exhalado por la variedad de flores que nos rodean.

- De verdad, me siento mucho mejor respirando estos variados aromas... Esta "Colonia", como dices, es enorme... ¿Viven aquí muchos habitantes?

- Sí, aquí hay miles de espíritus de diferentes lugares, incluso de fuera de Brasil, como en tu caso... Muchas personas desencarnadas durante el conflicto europeo fueron traídas aquí... - explicó Albert con sumo cuidado y paciencia -. Y, si me preguntas por qué, rápidamente te responderé que todo aquel que llegó aquí después de desencarnar tiene motivos o compromisos, pasados o futuros, con este país...

- ¿Cuál sería el mío?

- ¿No te imaginas? - Respondió con otra pregunta para probar al principiante si intuía.

- Creo que es por mi Hanna y el amor que sentimos el uno por el otro... Digo esto porque creo que ella logró escapar de las garras del nazismo y ahora está a salvo en Brasil, el país que elegimos para vivir si yo no lo hubiera abandonado el cuerpo físico...

- ¡Felicidades! ¡Le diste al clavo!

- ¿Puedo verla? El anhelo es grande y, a veces, siento que me asfixia...

- Ten paciencia... Ahora es el momento de equilibrarte y hacerte más fuerte. Cuando llegue el momento, te garantizo que tendrás la oportunidad de volver a verla.

Rudolph asintió. La conversación continuó un rato más, hasta que decidieron regresar. El paseo había sido beneficioso, le dio las condiciones para comprender la dimensión en la que se encontraba, para resolver sus primeras dudas.

El jardín tiene un ambiente encantador y armonioso. Parecía el paraíso descrito por Hanna en sus conversaciones sobre religión, aunque ella tampoco conocía ni una milésima parte de la dinámica de ese lugar...

Después de algunas semanas recuperándose en aquella Colonia espiritual, se sintió listo para comenzar alguna tarea. Se matriculó en un curso de idiomas para aprender portugués, lingüística, historia y costumbres de los pueblos que vivían en suelo brasileño. Invitado a colaborar en las labores de limpieza de los espíritus que eran rescatados de las mismas regiones inferiores por las que pasó, aceptó felizmente, iniciando la tarea en las cámaras rectificadoras de la Colonia espiritual. Agradecido, se esforzó y, a veces, no se creyó digno de la oportunidad que Dios le dio, porque, cuando aun estaba en sus ropajes carnales, ayudó en el trabajo de otro tipo de cámaras, las que mataban miles de hermanos... Verse allí, apoyando los rescates, era un regalo de Dios demasiado honorable para un espíritu como él, en condiciones de profunda pobreza, y lo único que podía hacer para corresponder era demostrar la máxima dedicación.

El tiempo pasó en ambas dimensiones y se cumplieron casi veinte años de la desencarnación de Rudolph, ahora renovado y lleno de esperanza en los nuevos caminos trazados. Hizo grandes amigos y aprendió muchos valores, antes despreciados. El hombre materialista y que veía a Dios como un concepto religioso quedaría en el pasado... Transformado con el continuo aprendizaje, valoró las cosas más pequeñas y supo un poco más sobre la importancia de la vida y, también, cómo saber disfrutarla con mayor sabiduría...

En una escena matutina, se estaba preparando para otro día de trabajo. Había recibido otra tarea, ayudar en el traslado de algunos espíritus de las cámaras de rectificación a la enfermería. Agradecido por la confianza depositada en él, oró en silencio cuando una visita inesperada lo sorprendió...

Salomé, una de las hermanas que compartía hogar con él, vino a avisarle.

- Tienes visitas... Te están esperando en el jardín.

Antes que pudiera preguntar de quién se trataba, la dulce dama se fue discretamente.

Minutos después, se dirigió al lugar, un pequeño jardín cultivado frente al domicilio donde vivía. En él había un asiento fabricado en madera y colocado junto a un discreto arbusto, cuya descripción recordaba a una frondosa higuera.

Completando la escena exterior, cientos de margaritas plantadas en hileras... Una explosión de alegría se produjo al ver a su viejo amigo Albert[1], a quien no había visto desde su partida a otra esfera. Lo acompañaban otros dos hermanos. Uno de ellos, un joven de piel oscura, moreno, de complexión atlética y mirada expresiva, el otro era todo lo contrario, cuya figura delgada y de apariencia mayor que los demás, lo conmovió de inmediato.

- Querido Albert, ¡ha pasado mucho tiempo desde la última vez que nos vimos! Qué alegría volver a verte... - un cálido abrazo selló el reencuentro de las dos almas afines.

- ¡Me alegro de verte tan bien...! - Aseguró Albert. Quiero presentarte a mis amigos...

Acercándose a petición, recibió el saludo de Clemencio, el menor... Después, el otro, con la mirada brillando de ternura, se presentó en alemán.

- ¿Cómo estás, Rud? ¡Es un placer estar aquí...! Me llamo Yohan Yochannan, pero puedes llamarme Juan, nombre que adopté desde que comencé algunas tareas en esta Colonia...

De repente, un fuerte vértigo se apoderó de Rudolph cuando escuchó la presentación en su lengua materna. Necesitaba el apoyo de su amigo, ya que sentía que le faltaba terreno.

- No puede ser posible... Debo estar delirando... El apellido es el mismo que Hanna... ¿Será alguien vinculado a ella por lazos familiares...? - Pensó mientras admiraba al hombre que sentía genuina afección a primera vista.

Habiendo capturado los pensamientos, la entidad de luz apagó las dudas del joven visiblemente conmocionado.

- Sí. Tu conclusión es clara. ¡Correcto...! Hay un vínculo muy fuerte entre Hanna y yo...

---

[1] El enfermero Albert había partido para otras esferas de trabajo, retornando más tarde con el padre de Hanna para ayudar a Rudolph.

En segundos, algunos momentos pasados con su amada parecían escenas cinematográficas... Las largas conversaciones sostenidas en el campo en Treblinka le hicieron recordar de quién se trataba esa figura iluminada.

- ¡Eres el padre de mi amada...! – concluyó, se movió y por impulso lo abrazó fuerte -. ¡Ay, qué alegría poder conocerte...! ¡Ella te amaba mucho...!

- ¡Lo sé, hijo mío...! - Yohan también parecía emocionado Pero necesitamos calmarnos para no perder el equilibrio...

- Tienes toda la razón... Lo siento... No me lo esperaba...

- Tu condición es completamente comprensible, pero es necesario contenerte... - le aconsejó cariñosamente -. He seguido tu evolución, fruto de tu propio esfuerzo, y te confieso cuánto te felicito por este logro... Desde hace incontables años te sigo, para ser más preciso, desde que tomaste la vida a mi hija como responsabilidad propia... Todo mi agradecimiento es infinitesimal ante tal prueba de amor y sacrificio...

Viendo que la sorpresa podía desequilibrarlo, el pequeño grupo le aplicó pases con el objetivo de recuperar sus emociones. Minutos después, los cuatro ya mantenían una edificante charla dentro de la sencilla morada. Fue Albert quien reveló el motivo de la inesperada visita.

- ¡Estamos aquí para invitarte! El hermano responsable del Departamento de Reencarnación atendió tus peticiones y te espera hoy, a primeras horas de la tarde... Revivirás algunos episodios de tu pasado y, quién sabe, tendrás algunas respuestas a tu intensa conexión con Hannah...

Exultante de alegría por esta oportunidad tan esperada, Rudolph los invitó a una oración de agradecimiento...

Las sentidas palabras, provenientes de su corazón cambiado, intoxicaron la habitación con el suave aroma de las rosas.

Capítulo XXII
REVIVIENDO EL PASADO REMOTO

Rud cumplió con sus tareas hasta que se acercó la hora prevista para la reunión con el grupo amigo... Nuevas sorpresas vendrían ese día. Lo esperaban cerca del edificio levantado en la zona central de la Colonia, donde funcionaban todos los departamentos, incluido el edificio de la Gobernación.

Después de los cálidos saludos, continuaron silenciosamente hacia el interior del edificio contemporáneo. El estilo arquitectónico, muy avanzado para aquellos tiempos en la Tierra, puso a Rudolph la piel de gallina. En el tercer piso estaba la Sala de los Recuerdos y a la hora señalada comenzó la importante tarea...

Era la primera vez que pasaría por la experiencia. Un médico y dos enfermeras prepararon el ambiente y la variedad de equipos allí disponibles... Deslumbrado por los aparatos que se utilizarían, notó la diferente tecnología espiritual, pues nada similar existía todavía en el plano físico del planeta que habitaba. Por tanto, no entendía la utilidad de la serie de dispositivos desconocidos, computadoras e incluso televisores de plasma.

Sometido a una serie de pases rotacionales y longitudinales, el ex oficial nazi se vio envuelto por una extraña sensación de ingravidez que aun no había experimentado. Luego fue llevado solo a una habitación contigua, mientras sus compañeros permanecían en la anterior donde esperarían en oración. Sorprendido por tanta noticia, se topó con otros dispositivos y el lugar se parecía a las cabinas de control de un avión...

En el centro de esa habitación había una gran pantalla de aproximadamente cincuenta pulgadas de diámetro incorporada a una silla reclinable con ruedas en su parte inferior… Algunos cables estaban conectados a ella y otros a puntos específicos en la cabeza y el cuello de Rud, debidamente acomodado en los diferentes sillones… El equipo médico le explicó todo el proceso, cuyo objetivo era capturar las imágenes archivadas en su memoria espiritual pasada. El médico y las enfermeras se retiraron, dejándolo solo en el viaje hacia el enigmático pasado… Solitario, tal como lo vio un astronauta dentro de una cápsula deambulando por el espacio cuando se encendió una tenue luz violeta en la pantalla que se encendía trayendo las primeras imágenes. Al principio aparecieron algunas escenas confusas, pero poco a poco se fueron aclarando.

Una escena magnífica se desarrolló ante el extasiado asistente: el antiguo Egipto.

Se reconoció caminando entre una multitud de hombres y mujeres harapientos. Y, para su completo asombro, el gran líder que caminaba delante, apoyado por un gran contingente de hombres armados, era el secular Moisés…

La conmoción debida a la gravedad de la historia de entonces lo sacudió profundamente y, como consecuencia, las lágrimas comenzaron a caer libremente… La sesión apenas fue interrumpida; sin embargo, se controló a tiempo para evitar la pausa forzada…

Rudolph se vio a sí mismo en otro cuerpo y siendo parte de ese antiguo acontecimiento y cómo un judío llamado Abner seguía a la multitud en compañía de su esposa, Shoshanna… Mirándola más de cerca, se le puso la piel de gallina al reconocer a su amada Hanna…

Parecía una banda de vagabundos deambulando por el duro desierto. La fuerte luz del Sol castigaba la piel y las reservas de agua eran pocas… La gente se quejaba del intenso calor, y otros rezaban a Jehová, agradeciéndole por su liberación del cautiverio en Egipto.

Liberados de la esclavitud, estaban entre los liderados por Moisés y temían al Faraón y la persecución de su ejército... Y eso fue exactamente lo que sucedió después de un largo viaje...

De repente, aparecieron en la pantalla escenas de una gran nube de polvo levantándose sin la acción del viento. Era el ejército del Faraón que venía tras los judíos anteriormente esclavizados... La marcha continuó bajo el mando del libertador que suplicó al cielo ayuda para proteger a su pueblo. Dirigidos por mentes invisibles, Moisés dio la orden y los judíos, aprovechando la distancia alcanzada frente a la caballería del Faraón, cruzaron una parte poco profunda del Mar Muerto, y luego siguieron la orilla opuesta hasta llegar a la parte más profunda del agua. Fue un intento de engañar al ejército perseguidor quien, al verlos en esa parte del banco, creería que era un lugar seguro para cruzar...

Moisés, con fama de gran iniciado en los misterios arcanos y aun demostrando ser un excelente estratega, planeó engañar a sus enemigos con ese arriesgado plan.

Rudolph se veía a sí mismo como Abner, completamente temeroso por su destino y el de su esposa, pero continuó cumpliendo con confianza la orden contando con su éxito, porque de lo contrario, si el plan fallaba, seguramente morirían a manos de los soldados comandados por el soberano egipcio...

Los minutos de espera habían sido desgarradores. Abner abrazó a Shoshanna y oró a Jehová, mientras la tropa egipcia se acercaba cada vez más. Cuando llegaron a la orilla de aquel mar, siguieron las órdenes del soberano y avanzó hacia el mar, imaginando que habría un lugar seguro para cruzar a pie y a caballo... Y tal como Moisés había deducido, el Faraón había sido engañado por la sabia decisión... Engañado al pensar que sería ese punto del mar justo por donde habían cruzado los judíos, sin dudarlo ordenó el cruce... Decisión equivocada, porque decenas de soldados, junto con el soberano, se ahogaron en aquellas aguas turbias. No sabían nadar y fueron tragados por las aguas, mientras el resto de las tropas, en la retaguardia, no sabían qué hacer...

La multitud encabezada por Moisés observó boquiabierto el pánico generado en el resto de soldados que permanecían en tierra... Desesperados, algunos de ellos se arrojaron al agua con la intención de salvar al Faraón, pero también murieron. Los pocos que quedaron regresaron derrotados y humillados con la triste misión de informar de la muerte del valiente, pero necio soberano, así como de gran parte de su ejército...

Más tranquilos con su victoria contra los poderosos, los peregrinos continuaron su larga huida en busca de un lugar donde fundar la Tierra Prometida.

Con cada escena mostrada, Rudolph mostraba emociones intensas, como si las estuviera experimentando nuevamente. Y, sin desviar la atención de la pantalla, siguió recordando su pasado.

Aunque el sentimiento de libertad los impulsó a continuar, muchas dificultades se presentaron en aquel desierto árido y aterrador.

Solo llevaban la ropa que llevaban puesta y algunos objetos de valor que fueron sustraídos del palacio real o de las casas donde anteriormente servían... Cayó la noche, trayendo bajas temperaturas, y castigados por el intenso frío, se les prohibió encender un fuego que los ayudaría a sobrevivir, calentarse, porque también podría traicionarlos... Incluso las huellas dejadas en el camino fueron borradas con las ramas de hojas secas, a medida que avanzaba la marcha... Estas acciones fueron parte del minucioso plan para conquistar la libertad definitiva tras los largos años de cautiverio en Egipto.

El largo período de esclavitud dejó a los judíos sin lengua ni religión propias. Se vieron obligados a seguir las costumbres de los señores de Egipto. Y cuando huyeron en busca de libertad, no tenían documentos escritos en el dialecto que usaban... Solo Moisés y algunos compañeros sabían leer y escribir, el resto del grupo era analfabeto y lo único que les quedaba era simplemente seguir al líder...

La verdad desnuda que transcurría en las escenas que veía era la de un pueblo esclavizado, aunque había alcanzado la libertad que soñaba y no sabía qué hacer con ella en el desierto desesperado y en la "nada" que se les ofrecía. La escasez de comida y agua puso a prueba los límites de aquellos judíos y muchos sucumbieron...

Entre todas las víctimas, la muerte también se llevó a Shoshanna, causando un dolor considerable en el corazón de Abner... Los restos de la esposa fueron enterrados en aquellas arenas desiertas, y con ella estaba el alma afligida de su marido que no pudo aceptar la pérdida... El pesar por salir de Egipto lo castigó, mientras un inmenso odio brotaba en su corazón... Perdido en el dolor, dirigió toda su revuelta contra Moisés, el libertador, llevándolo a planear un atentado contra la vida de aquel líder. Pero sin el coraje necesario, desistió de su intento y comenzó a vivir en la amargura...

Dos años después, en una noche de total desesperación por la falta de su amada mujer, Abner se despidió de la vida... La causa de su desencarnación fue una hipotermia agravada por la paulatina debilidad que fue dañando su cuerpo debido a las diversas privaciones y la falta de ganas de vivir sin pareja... Su desencarnación fue encuadrada como un suicidio involuntario. El antiguo esclavo deambuló durante siglos por regiones oscuras, densas y fétidas sin haber encontrado a quien era la verdadera razón de su existencia. Insatisfecho, lanzó maldiciones contra el Creador por vivir en esa situación...

La narración se cerró ante la mirada atónita de Rudolph.

La enfermera que esperaba cerca de la puerta de entrada se acercó.

- ¿Cómo te sientes, hermano?

Sin recibir respuesta, decidió aplicar pases armonizadores, mientras sus compañeros, en la habitación de al lado, seguían utilizando los beneficios de la oración... Minutos después, los efectos ya eran visibles.

- Rudolph, dime, por favor, ¿cómo te sientes?

- ¡Mejor, gracias...! - Respondió él, ya recuperado de la apasionante experiencia.

- Se seleccionaron imágenes de otra encarnación, pero creo que es apropiado posponerlas...

- No, por Dios te lo ruego... Déjame verlas hoy... Quiero conocer mi pasado y llegaré hasta el final...

- Entonces... te aconsejo que te pongas cómodo, porque las escenas volverán en breve...

Aparecieron nuevas imágenes que transmiten algunas escenas de las regiones inferiores donde se encontraba el espíritu de Abner. De repente, Shoshanna en espíritu vino a rescatarlo de oscuridad sin fin. Y, tras el arduo sufrimiento, fue llevado a una dimensión más adecuada, gracias a las súplicas de la mujer que tanto lo amaba. Comenzó un período de recuperación y preparación para su posterior encarnación en la Tierra... Llegó una nueva oportunidad de evolucionar, concedida por Dios, pero esta vez renació en Roma como un loco. Fue una experiencia dolorosa sin la compañía de su ser querido quien, en aquella ocasión, permaneció en el ámbito espiritual con la misión de protegerlo y animarlo en ese camino de expiación. Casi veinte años de dura cosecha, cuya siembra fue fruto de la incredulidad y la blasfemia contra el Creador... Abandonado y olvidado, el loco romano conocido como Horran soportó la soledad, el desprecio y los prejuicios, hasta desencarnarse sin familiares y sin amigos.

Al regresar a la vida espiritual, no pudo volver a ver a la mujer adorada, cuyo amor dirigido había sido la causa de su sufrimiento. Cumpliendo el proceso natural de evolución moral, recibió una nueva misión que debía realizar en la carne... Pero en ésta contaría con la dulce presencia de su amada compañera.

El tiempo pasado resurgió en las imágenes... Estaba en Galilea, en Jerusalén, más precisamente, en los años en que el Mesías honraba al planeta con su existencia terrestre, congregando a las multitudes con sus enseñanzas...

Rudolph se reconocía como un romano llamado Trevio, recaudador de impuestos del imperio de César... La importancia del cargo lo convertía en un hombre frío e insensible, contrario al plan de reencarnación al que todavía se había comprometido en espíritu...

La arrogancia predominó como el defecto más evidente de su personalidad. Cuando se encontró con Leah, hija única de un pastor de ovejas, se enamoró perdidamente... Para su exultación, el amor fue correspondido...

El boceto de la criatura angelical, cuya rara belleza estaba cubierta por la amplia túnica usada en aquellos tiempos de la Antigua Roma, quedó plasmado en la pantalla de la memoria, provocando un verdadero escalofrío en Rudolph. Aquella conocida expresión de la mirada reveló lo mismo y su compañera secular, Hanna... Ella siempre estuvo a su lado, física o espiritualmente, amándolo y fortaleciéndolo en la cadena permanente de acciones entre caídas y luchas contra sí mismo... Ahora comenzó a entender por qué el vínculo entre ellos fue tan duradero como la eternidad...

En encuentros furtivos la tuvo en brazos, aunque la bella judía estaba comprometida con Aarón, un humilde tejedor de Galilea, a quien estaba prometida desde su nacimiento.

El recaudador de impuestos, orgulloso y reacio a los contratiempos, no podía aceptar perder a su elegido en manos de un hombre rudo del pueblo. Y, como no veía manera de deshacer el compromiso asumido por los padres de los jóvenes, ideó un astuto plan...

En ese momento, Rudolph sintió una sensación de júbilo invadirlo, porque vio escenas del Nazareno predicando a los apóstoles en el Monte de los Olivos y, como siempre, una multitud se reunió para escucharlo... De la pantalla salieron rayos luminosos que brillaron por toda la sala del Departamento de Reencarnación... Fue el aura alrededor del Mesías la que iluminó toda Jerusalén, invisible para aquel pueblo rudo, todavía muy inmaduro en relación a las divinas revelaciones; sin embargo, perceptibles para Rud en ese momento revelador...

Los oyentes parecían embelesados por las palabras dictadas por el Nazareno... Trevio, a cierta distancia, demostraba indiferencia al encuentro divino... Su mirada estaba puesta en las personas que allí llegaban... Estaba esperando la llegada de alguien sin darse cuenta del momento excepcional para cualquier ser: la presencia del Santo Varón que era visible en el planeta... De repente, apareció Leah en compañía de su apuesto novio. Se dirigieron en dirección al Monte para escuchar las lecciones del Hijo de Dios...

Al prestar más atención al joven, Rudolph notó su parecido con el extraño que se presentó como un amigo llamado Nicolay...

- Pero, ¿cómo puede ser...? – Pensó -. Dijo que era un amigo que cuidaba de mí, cuando en realidad era un rival secular...

Al notar que no era el mejor momento para hacer preguntas, dirigió su atención a la pantalla, quería saber qué pasaría...

El sermón llegó a su fin y, poco a poco, la multitud comenzó a dispersarse... Trevio, al acecho, siguió a la pareja y vio cuando Aarón dejó a su novia bajo la protección de su hogar paterno. Algún tiempo después, regresaba solo a casa cuando se enfrentó a un triste destino, preparado por su enemigo secreto... Queriendo tener a Leah para él, tomó una decisión equivocada...

A cambio de unas monedas, contrató a un adolescente local para que siguiera fielmente las instrucciones que culminarían con la desaparición del tejedor judío.

- Señor, señor... ¿Es con el tejedor Aarón con quien converso?

- ¡Sí, soy yo...! - Respondió sonriendo, todavía bajo la influencia de las enseñanzas de Cristo.

- Les traigo una invitación de un gran comerciante que quiere sus servicios en el telar...

- ¿De quién se trata, jovencito?

- No sé su nombre... - dijo inseguro -. Solo traigo el mensaje... Pero te puedo decir que es un comerciante con muchas posesiones...

Sin darse cuenta de la trampa que le tendieron, Aaron se interesó. Pensó en la posibilidad de encontrar un trabajo... Se acercaba el día de su boda con Leah y un trato comercial con un rico comerciante parecía bienvenido.

- Dime qué dice el mensaje y luego decidiré qué hacer...

- Simplemente dile al tejedor Aaron que vaya a encontrarse con el comerciante que lo espera cerca de la salida de la ciudad... Viajará a Cafarnaúm en unas horas y pretende arreglar todo antes...

- ¿Cómo lo reconoceré? - Quiso saber Aarón.

- Había visto una pequeña caravana formada por un carro y algunos camellos... Cuando llegues allí y te presentes...

Le dio las gracias y, sin perder más tiempo, salió hacia la dirección indicada, sin siquiera intuir que caminaba hacia una cruel trampa...

Posteriormente, se encontraba en el lugar previsto para la reunión. Al no ver la mencionada caravana, concluyó que se trataba de un malentendido... Ya regresaba a su casa cuando, de repente, vio a un caballero que venía hacia él. Era Trevio. Entonces, algunos soldados también se acercaron, rodeando al inocente tejedor... Un tardío arrepentimiento se apoderó de la víctima. Rodeado y en desventaja, sufrió el ataque del grupo; sin embargo, antes de perder completamente el conocimiento, escuchó al cobrador decir...

- Lleva a este desafortunado al lugar acordado...

Cuando Aarón volvió en sí, descubrió que estaba en una cueva en el valle de los leprosos. Desesperado, solo pensó en huir, pero, con todo el cuerpo herido por la cobardía romana, cayó de una vez por todas. Contempló el desfile más deprimente y repugnante de toda su vida... Leprosos de todas las edades lo rodeaban con curiosidad. Era el final para él, el contagio era seguro y la muerte era la consecuencia...

Entre los recuerdos del misterioso ataque y el miedo de haber sido contaminado por la turba deforme, pensó en su amada Leah y en su sueño perdido de casarse con ella; sin embargo, se dio cuenta de lo infeliz que era, porque su destino ahora era la descomposición de sus extremidades debido a una enfermedad.

La desaparición del tejedor trajo extrema angustia a todos los que lo conocían... Buscados por todas partes, no pudieron obtener ninguna noticia, lo que los llevó a la deducción más lógica:

Aarón huyó de su compromiso, dejando a Leah libre y a los miembros de su familia infelices...

Con el paso de los días, las esperanzas de su regreso se fueron desvaneciendo. En el fondo, Leah se sintió aliviada por aquella desaparición... Enamorada del romano, no podía ni imaginar la trampa que le había provocado y, en privado, estaba encantada con la posibilidad de abrazar el amor secreto que le había dado. Juntos, lucharían contra todos los obstáculos que dificultaban la realización de aquel romance...

Jubiloso, el responsable de la desaparición del joven tejedor compartía la misma fortuna con la mujer que le había robado la paz y dominado su corazón endurecido... Ambos planeaban mudarse lejos, a cualquier lugar donde pudieran encontrar la paz para experimentar el amor verdadero. Pero no contó con el coraje de su liquidado rival que, dominado por el odio y la revuelta, abandonó el Valle de la Muerte en busca de noticias de su prometida y explicaciones por el inesperado suceso que culminó en su total desgracia... La enfermedad ya era visible, pero no le hizo renunciar al desafío de superar la gran distancia que lo separaba de su amor perdido y las preguntas que planteaba...

Sobrevivió al hambre, la sed, el dolor y el miedo al asco, para, casi sin fuerzas, conquistar a la querida Galilea... Una vez decidido, haría la primera parada cerca de la casa de la novia y allí esperaría pacientemente a la amada figura... Quería saber si encontraría el coraje de acercarse desde lejos, sin causar riesgo de contagio...

La fuerza del destino siempre aparece independiente de los caminos o medios que nos lleven a su recta acción... Aarón, a menos de una legua del lugar como era su intención, se escondió detrás de unos arbustos para vigilar el pequeño sendero que conducía a la pobre morada que albergaba a Leah y su padre... De repente, unas voces llamaron su atención. Sin creer lo que sus ojos estaban viendo, casi se desmaya... Era él, el mismo recaudador de impuestos que lo había llevado al valle inmundo, caminando muy cerca de la que sería su esposa... Ella y el enemigo continuaron sin saber que estaban siendo vigilados. Desesperado por el odioso espectáculo, tuvo el impulso de atacarlos, pero se controló a tiempo, decidiendo acercarse a los "traidores" hasta poder escuchar parte de la conversación.

- No veo la hora que dejemos todo atrás y, lejos de aquí, vivamos en paz nuestro amor...

- ¡Ay Trevio, sueño con esto todos los días...! Te amo tanto...

La cabeza de Aaron comenzó a dar vueltas, no podía aceptar lo que acababa de escuchar... A la fuerza, organizó sus pensamientos y dominó sus emociones... Todo quedó claro para él.

- Jehová, ¡me traicionaron de la peor manera...!

Los recuerdos del ataque que resultó en el secuestro regresaron a su mente atormentada, lo que lo llevó a concluir que había sido víctima de un horrendo complot, cuya autoría no se limitó solo al enemigo, sino también a la mujer prometida a él...

El odio que albergaba dentro de él aumentó a proporciones inimaginables... No podía aceptar tal deslealtad. Enloquecido, sintió crecer su sed de venganza.

- ¡No seré el único desafortunado en esta historia...! - Concluyó su último pensamiento.

Esperó a que Leah estuviera sola. Así sucedió. La hermosa mujer judía regresaba rápidamente a su casa... Llegaría antes que su padre que en ese momento estaba vendiendo sus ovejas... Sin esperar, la sacaron del camino. Agarrada por alguien con las manos envueltas en trapos sucios, no tuvo oportunidad de gritar pidiendo ayuda y hacerse oír por Trevio... Cuando se enteró, el autor del ataque saltó hacia atrás y un gemido ahogado murió en su garganta... El estado de Aarón era deplorable, casi todos envueltos en las mismas manos sucias, denunció la enfermedad; lo maldijo para destruir las formas físicas del hermoso joven de antes. Esforzándose mucho, logró decir Leah.

- Aarón, ¿eres tú...?

- Sí, soy yo. ¿Estás sorprendida? ¿Creías que ya estaba muerto en ese abominable lugar donde tú y tu nuevo pretendiente me enviaron...? - Sus palabras estaban llenas de amargura y animosidad.

- ¿De qué estás hablando...? No entiendo... Desapareciste sin dejar rastro... Buscamos por todos lados sin éxito...

- ¡Mujer vil y mentirosa que ayudaste a destruir mi vida...! - Aarón estaba alucinando.

- ¡No...! Me acusas en vano...

- ¡Cállate! - Rugió.

Indiferente a las explicaciones y súplicas, se arrojó sobre la frágil mujer, agrediéndola físicamente. Se quedó sola hasta que perdió el resto de su fuerza extra, inyectada por una furia odiosa... Leah, inmóvil, no respondió, pero aun respiraba... Entonces, en un acto de locura suprema, Aaron reunió más energía y agarró una piedra del suelo... Sin darse cuenta que fuerzas ocultas lo dominaban en ese momento, le propinó varios golpes al bello rostro femenino. Totalmente desfigurado, la judía desencarnó.

Luego, rasgó la ropa de la joven en tiras que se convirtieron en una especie de cuerda que estaba atada a un árbol… Aarón se ahorcó a unos pasos de Leah…

La noticia de la muerte de los jóvenes comprometidos asustó a la ciudad. Nadie entendía cómo el tejedor reaparecía como leproso, pero creían que la enfermedad era el motivo de la desgracia... el dolor era colectivo, sin embargo no se comparaba con el de Trevio quien, loco de remordimiento, desapareció en el mundo hasta que encontró la muerte en manos de muchos ladrones...

La pantalla se apagó. Rud lloraba profusamente... La revelación había afectado lo más profundo de su ser. Se avergonzaba de la cantidad de errores que había cometido en el pasado... Los vacíos en su alma comenzaron a llenarse. ¿Lo transformarían en un nuevo ser o aumentarían el desequilibrio secular...?

Capítulo XXIII
ENCUENTROS Y RESPUESTAS

Fuertes fueron las impresiones que dejó Rudolph quien, horas más tarde, todavía mostraba un notable temblor... Si no hubiera sabido que esa secuencia de imágenes vistas era su oscuro tiempo pasado, revelado con la intención de ayudar, seguramente se la tomaría por una excelente película digna de un premio por su apasionante narrativa... Sin embargo, en esa trama se presentaron registros almacenados en su antigua memoria. Permitirles salir a la superficie lo hizo sentirse tan avergonzado que necesitaba la ayuda de su amigo Albert.

- Anímate y no dejes de agradecer a Dios por la oportunidad, ya que no todos tienen la posibilidad ni las condiciones de pasar por la misma experiencia...

- ¿Cómo pude cometer tantos errores y causar daño...? ¿Cómo pude desperdiciar tal oportunidad de disfrutar de la Divina Presencia del Maestro, haciendo de esa oportunidad una encarnación más de las deudas contraídas...?

- Cálmate, hermano...

Era un momento delicado y era imperativo tener más cuidado. Abrazándolo, el amigo dijo:

- ¡No te castigues tanto...! Entonces, ¿crees que fuiste solo tú quien desperdició la oportunidad de encarnar en el tiempo del Mesías? Allí estuvimos todos, y te puedo asegurar que también despreciamos a la Criatura Gloriosa... Para los que gritamos "Barrabás", decidiendo la condenación de Jesucristo... Por eso, Rudolph, no debes sentirte tan pequeño. Dado que todos hemos cometido muchos errores en el pasado...

- Me siento más reconfortado por tus palabras alentadoras, aunque se están produciendo cambios serios dentro de mí... Creo que necesito aprender más sobre la esencia de las cosas, sobre los verdaderos valores que rodean la vida carnal... Necesito aprender más, amigo, porque no quiero desperdiciar todo el esfuerzo dedicado por un equipo en la creación detallada de un plan de reencarnación condenado al fracaso por mi descuido o inmadurez... ¡No me permitiré volver a cometer errores...! - Concluyó categóricamente.

-La perfección es un atributo exclusivo del Padre... Nosotros, sus criaturas, somos capaces de alcanzar solo una perfección relativa. Esto significa que, por algún tiempo, seremos susceptibles a caídas causadas por nuestros errores... ¡No te cubras tanto...! Dios no espera solo éxitos cada vez que aterrizamos en la Tierra vistiendo un cuerpo físico.. Él, mejor que nadie, conoce nuestras debilidades y nuestras posibilidades... Para ello creó la encarnación, dándonos talentos para ser ejercitados; virtudes para conquistar y defectos por dominar... En cada vida, entre victorias y derrotas, poco a poco vamos aprendiendo y creciendo... Sin prisas, sin apuros, pero con mucha buena voluntad y obstinación... Nunca se olvida lo aprendido.

- Nunca... - dijo abrazándolo -. ¿Permíteme hacerte la última pregunta que todavía me molesta?

- ¿Cuántas preguntas tienes?

- Me imagino que no viví solo las tres encarnaciones que recordaba. Ante esto, ¿tendré una nueva experiencia en el departamento en el que estuve hoy?

- Quién sabe... Aunque muchas veces los recuerdos vienen de forma natural, en el momento adecuado... Lo único que tienes que hacer es no preocuparte y confiar en la misericordia divina, mientras tanto trabaja siempre y agradécele por todo...

- ¡¿Qué haría sin ti, amigo mío?! – Rudolph ya sonreía tímidamente -. ¡Gracias por todo...!

- No gracias... Hay tantas dudas en mí como las hay en ti... ¡Somos eternos aprendices, y ayudándonos unos a otros llegaremos a ser ángeles...!

La conversación fue exitosa y las preocupaciones de Rud ya no se sintieron tanto... Recuperó el ánimo y, obedeciendo el consejo de su amigo, decidió centrar su atención en el trabajo y las oraciones de agradecimiento, acumulando horas extras con sus tareas para ayudar a quienes acababan de dejar la carne y llegaban confundidos a la Colonia.

Realizó con gran amor el trabajo de limpiar y trasladar a estas criaturas aun entre el Umbral de las dos dimensiones, ofreciéndoles consuelo con palabras de aliento ante la nueva realidad que se presenta...

Para él, la educación se convirtió en una forma de crecimiento espiritual duradero, por lo que se matriculó en varios cursos de moral. En resumen, trabajó a tiempo completo y, en los pocos momentos de descanso, se entregó a la meditación en busca del autoconocimiento... Realmente Rudolph era otro ser... Transformado por su propio esfuerzo, plenamente integrado en la nueva dinámica espiritual disfrutaba de algunos méritos, honrándolos con la dulce presencia de su amada, a través de los sueños en sus horas de descanso en el plano físico...

Entre él y Hanna se produjeron innumerables ocasiones de encuentro, en las que su periespíritu durante las horas de sueño se desprendió de su cuerpo y partió en busca de sus seres queridos ya en la dimensión extrafísica.

Los dos, unidos por un amor secular, no se perdieron por la separación impuesta por la muerte. Los valiosos momentos de los encuentros llenaron el vacío y aliviaron el anhelo mutuo... Y, aunque Hanna, cuando despertó de su sueño, simplemente trajo vagos recuerdos de un sueño en el que había tenido, se sintió más fuerte para el viaje terrenal aun incompleto.. . Así, los años transcurrieron con la paulatina superación de cada uno de ellos... Hanna cumplió satisfactoriamente la misión asignada para aquella encarnación y Rudolph se preparó cada vez más con la esperanza de un reencuentro definitivo en la esfera en la que se encontraba...

La vida continuó para ambos, cada uno con sus logros individuales que sumarían méritos permanentes a oportunidades de futuro entre viajes terrenales y ascensos hacia la perfección deseada por todos los seres...

Las marcas del tiempo eran visibles en los rasgos de aquella valiente mujer y la frescura de la juventud perdida dio paso a los cambios físicos que trajeron la madurez. Tenía poco más de 40 años. Ella permaneció hermosa, a pesar de los signos del tiempo que remodelaron su rostro juvenil, revelando los ciclos de la vida que actúan sobre los seres encarnados... En el ex oficial nazi, cuya vida fue arrebatada en su mejor momento, la belleza juvenil y el vigor físico permanecieron sin alterarse. Como deseo de mitigar esta diferencia, Rudolph, alentado por sus amigos, buscó ayuda para transformar su apariencia a través de un mecanismo común existente entre los desencarnados equilibrados, en el que los espíritus eligen la forma adecuada que les agrada para moldear el periespíritu. Apariencia más joven o más madura; infantil o viejo; de uno u otro vive en la carne, no importa, porque las variantes en estos casos obedecen siempre a las necesidades personales de cada uno sin perjuicio de las realizaciones del espíritu...

Conociendo esta verdad, no le importaron tales detalles que lo diferenciaran de la mujer que amaba, aun así asumió la apariencia de un hombre maduro apuntando solo a la igualdad entre ellos...

Los encuentros se desarrollaban en dos lugares diferentes de la Colonia: en el edificio donde se impartían los cursos a los que asistían encarnados y desencarnados, Hanna era llevada a aprender mientras dormía o en cierto cerro lleno de flores y vegetación, arrastrándose por las orillas de la Colonia. En cada oportunidad se renovaban los votos de amor.

Así, se restablecía la paz y se perpetuaba la certeza de estar juntos... Las luces brillaban. Bellos pájaros volaban adornando los cielos. Las flores florecieron, liberando suavemente aromas peculiares. Acordes musicales invadieron el espacio con melodías angelicales, cuyo sonido vibraba en el alma de cualquier ser...

Momentos raros, gratificantes y estimulantes para ellos; sin embargo, solo ocurrieron en la dimensión extrafísica, pues desde su desencarnación, Rud no había visitado la Tierra que lo recibió en su última estancia... Los preparativos estaban en marcha para tal acontecimiento, el momento tan esperado estaba cerca... Otras sorpresas reveladoras surgirían para ponerlo nuevamente a prueba...

Capítulo XXIV
VISITA AL PLANO FÍSICO

Los años continuaron con acontecimientos paralelos entre los dos mundos. Mientras en la Tierra grandes cambios operaban en la vida de los involucrados, en la Colonia espiritual reinaba la paz y, gracias al esfuerzo de Rudolph, se sumaron méritos en forma de horas extras, cuyo propósito sería realizar la primera visita al orbe que servía de cuna en su encarnación final.

La oportunidad había llegado. Yohan, el padre de Hanna, apareció en un tranquilo amanecer trayendo la noticia más esperada. Al encontrarse con Rudolph en medio de las oraciones matutinas, el arrobamiento se apoderó de aquel espíritu iluminado, cuyos méritos le permitieron vivir en esferas superiores... Ni de lejos aquel ferviente joven se parecía al ex oficial nazi, lleno de pompa y orgullo de un momento de dolor para el planeta...

La buena nueva lo regocijó en la misma medida que su corazón se llenó de gratitud.

Unos días después de los preparativos, un pequeño equipo de rescatistas y guardianes partió hacia la corteza terrestre. llevándose a Rudolph y Yohan con él. Sin revelar el verdadero motivo de aquella excursión, aterrizaron en el sur de Brasil... Las primeras horas nocturnas del fuerte invierno le hicieron recordar su patria germánica...

- ¡Qué alegría estar de vuelta! ¡Aunque no es mi Alemania, me siento como en casa...! - Exclamó Rud, un poco emocionado.

- Tu verdadero hogar ya no pertenece a este mundo. De hecho, de dónde venimos es exactamente dónde empezamos para una nueva experiencia terrenal y, despojados de la carne, nos convertimos en seres más conscientes... Sin embargo, te veo todavía muy apegado a la última experiencia terrenal - dijo Yohan.

- Son muchos los recuerdos y las infinitas emociones vividas en este campo de rescate... No puedo negar que todavía están muy vivas en mí... - desconcertado por la sabia observación, reveló su fragilidad ante el pasado.

- Entiendo perfectamente las emociones que surgen en ti en ese momento... Créeme querido, yo ya pasé por la misma situación. Sin embargo, debo alertarte sobre la necesidad de mantener el equilibrio, pues bien sabes que te reencontrarás con tus seres queridos, lo que sin duda te hará revivir diferentes emociones... Recuerda que estamos aquí para el cumplimiento de la Divina Voluntad y por lo tanto tenemos la obligación de mantener el autocontrol...

- ¡Gran verdad...! Estaré más atento a mis sensaciones... - aseguró.

- ¡Excelente decisión...! - Respondió otro espíritu que los acompañaba antes de saciar las muchas dudas del recién llegado que miraba todo con asombro, aunque bastante comedido -. Llegamos al sur de Brasil, más precisamente a una de las calles principales de la ciudad, antes tranquila y ordenada; sin embargo, vive un período muy difícil: los años del régimen militar.

Clemencio, que también formaba parte del grupo, fue un estudioso de los hábitos de la Humanidad. Conoció en profundidad las reacciones positivas o negativas del ser humano ante las diferentes situaciones que presentaba la vida en la materia.

- Producto de la opresión político-militar se instaló una dictadura en el país. La gente ha perdido el derecho a la libertad de expresión y el derecho a movilizarse... Cautelosos, no se atreven a caminar por las calles a estas horas, porque temen que los pillen los soldados más atrevidos... el rincón de sus casas parece ser un lugar más seguro... el miedo es generalizado y solo unos pocos estudiantes, alentados por la enorme aversión al impuesto régimen político, se aventuran en reuniones clandestinas con el objetivo de discutir la dura realidad a la que están totalmente en contra. En estos encuentros se busca discutir las diversas formas de luchar contra el régimen... La noticia de la existencia de muchas víctimas inocentes y descontentas con el período que atravesaban aumenta la revuelta entre ellos... - concluyó señalando el grupo de estudiantes a pocos metros de distancia.

Rudolph prestó atención a la explicación de Clemencio y, siguiendo la dirección que señaló, se detuvo en los rasgos de uno de los jóvenes. Un fuerte escalofrío recorrió su cuerpo astral, con la misma intensidad y sobresalto que cuando aun vestía su cuerpo físico... La mirada de aquel joven le resultó muy familiar y, por un momento, imaginó que estaba frente a un marco que adornaba la fotografía de la figura paterna, instalada en el salón de la casa en Alemania... Eran idénticos, a excepción del tono de su cabello...

Necesitaba el apoyo de Yohan quien, consciente de la identidad de aquel estudiante, le dijo cariñosamente al oído.

- Contrólate, Rud, esta visita traerá algunas revelaciones...

- Disculpa, pero no pude evitar fijarme en ese joven... - y señalando, continuó Erick, el más inflamado de los estudiantes -. Su parecido con mi padre Klaus me transportó a un pasado reciente, lleno de gratos recuerdos... - habló sin apartar la mirada de la dirección marcada -, no sé cómo explicarlo, pero siento una fuerte ternura por ese chico desconocido...

- Quizás no sea un extraño... - dijo Clemencio -. Pronto, todas tus conjeturas quedarán resueltas. ¡Ahora hay que continuar hermano...! - Ordenó cariñosamente mientras lo abrazaba para sacarlo del importante entumecimiento.

En el futuro, se centraron en la misión de socorro. El equipo de espíritus tomó la dirección que conducía a cierta residencia en esa ciudad...

Era un gran edificio de dos pisos. En la planta inferior, una enorme sala comercial especializada en armas y objetos de decoración. En ese momento las puertas estaban cerradas. Sin embargo, la organización demostró que allí trabajaban manos cuidadosas a diario.

Sin perder tiempo, los visitantes espirituales se dirigieron al piso superior, donde el silencio fue roto por una suave voz que dictaba una hermosa oración en voz baja...

Dirigido por la dulce voz, el equipo de espíritus entró en la habitación. La escena era triste y demostraba los últimos momentos de la vida física de alguien que, en la cama, esperaba el momento extremo, mientras una dulce criatura, arrodillada junto a la moribunda, rezaba entre lágrimas...

La conmoción se apoderó del espíritu de Rudolph, quien fue incapaz de dar un paso adelante... De pie en la puerta desde la habitación reconoció a su tía Bertha, ya de edad muy avanzada, con su cuerpo todavía unido al espíritu por un frágil cordón fluidico que, amorosamente, iba siendo desconectado por otro equipo allí presente anteriormente, mientras los recién llegados los sostenían vibrando en oración.

Para sorpresa del espíritu que había sido llevado allí a esperar a la querida tía en su nueva condición después de la muerte física, la compañera era Hanna, sufriendo, aunque resignada a la voluntad de Dios...

Rud, en espíritu, se conmovió al verla tan cerca. Todos los momentos vividos a su lado regresaron con toda su fuerza...

Recuperando la serenidad con la ayuda de sus amigos, se acercó a ella y la abrazó en un largo abrazo... Poco a poco, el llanto de Hanna cesó, mientras el cuerpo inerte de Bertha pedía los últimos cuidados... Su espíritu, sacado de allí por los hermanos responsables de la separación, ni siquiera se percataba de la presencia de su querido sobrino...

Entendiendo el motivo de su estancia en ese momento, agradeció al Todopoderoso por la gloriosa bendición de volver a ver a sus seres queridos. Sin embargo, permanecería en esa casa por unas horas más, hecho que le permitió estar con su amada en ese momento tan triste para ella.

De repente, una voz profunda proveniente de la otra habitación rompió la magia de tan especial momento.

- Hanna, querida, me quedé dormido por un momento... - dijo Nick mientras se acercaba a ella y, al darse cuenta de la muerte de su gran amiga, lloró como un niño en los brazos de su compañera de tantas luchas y pérdidas.

Rud, sorprendido, saltó hacia atrás. Tambaleándose, sintió que su energía se agotaba repentinamente. Sus pensamientos desordenados solo podían discernir la intimidad entre Hanna y ese hombre de rasgos amistosos...

- Dios mío, ¿de dónde lo conozco...? - Buscó en sus archivos la imagen del desconocido que recibió consuelo en los brazos de su dulce amada...

Las incertidumbres inflamaron los sentimientos de Rud, desequilibrándolo por completo. Y sin permitir que tales sensaciones causaran más daño, el equipo de espíritus amigos le aplicó un pase, cuya ola de fluidos calmantes lo hizo quedarse dormido...

El despertar se produjo en la Colonia espiritual y a su lado estaba Clemencio.

- ¿Te sientes mejor, hermano mío...?

Un tanto confundido, Rud aun conservaba las impresiones de su visita a la Tierra.

- Sí, lo soy. Pero, ¿dónde está Hanna? Estábamos en tu casa...

- ¡Ya volvimos después de los efectos del inesperado encuentro...! Intenta relajarte y mantener la calma con pensamientos elevados... Me quedaré contigo hasta que te fortalezcas nuevamente...

El ordenado consejo fue aceptado de buena gana. Sin insistir, se rindió momentáneamente y pronto se quedó dormido.

Capítulo XXV
RECUERDOS REVELADORES

Más tarde, despertó con el recuerdo de los rasgos del hombre íntimamente acurrucado en los brazos de la afligida mujer judía. Aquella imagen quedaría grabada en la mente del ex oficial, contaminada por los celos... La única certeza que guiaba sus ideas, en el momento actual, indicaba que no era un extraño... Pero ¿de dónde lo conocía?

Confundido e inquieto, buscó el apoyo de Clemencio, el amigo más reciente en el hogar espiritual, cuyas afinidades surgieron apenas se conocieron.

Rud se encontró inmerso en sus estudios, aunque su atención estaba más allá de los escritos que estaba investigando, ya que notó la presencia de su amigo tan pronto como entró a la biblioteca. Un abrazo fraternal, antes de sentar la cabeza, selló el encuentro.

- ¡Me lleno de alegría cuando te vuelvo a ver! Sin embargo, sé que no fue mi investigación la que te trajo aquí... ¿Puedo saber el motivo que te inspiró a buscarme? - Observó con una sonrisa sincera.

- Tienes razón, no tengo ningún interés en el campo de tu investigación... ¡En esto, nuestros gustos divergen...! - Observó Rudolph. Para mí, la Humanidad seguirá siendo un misterio sin fin y, por el contrario, veo que tu interés te llevará a adentrarse en territorios inhóspitos... Quizás esta sea la primera oposición entre nosotros dos... – sin esperar respuesta, entró en el tema que lo llevó a buscar ayuda -. Vine a buscarte impulsado por una pregunta muy íntima...

Con mirada pasiva y corazón lleno de buena voluntad, Clemencio dejó sus estudios a un lado para dedicar toda su atención a su afligido hermano.

- Estoy a tu servicio, abre tu corazón...

Sintiendo absoluta confianza ante aquella elevada entidad, reveló sus inquietudes ante la mirada atenta y afectuosa y, llevado por la emoción, rompió en llanto al hablar de las dudas que lo atormentaban desde la noche en la corteza terrestre.

- A pesar de la euforia de volver a ver a Hanna después de la larga espera y el anhelo creciente y acumulado dentro de mí, la aparición inesperada de ese hermano me sacudió profundamente... Verlo allí, demasiado cerca de ella, me dejó desconcertada al punto de perder la conciencia, el tenue equilibrio logrado con tanto esfuerzo... - una pausa para tomar aire y coordinar sus pensamientos antes de continuar -. Sé que lo correcto sería resistir estos impulsos aun carnales, pero ¿cómo hacerlo si es el motivo principal de tanta transformación...? La escena, en aquella habitación, removió todas mis fibras y surgieron diferentes sentimientos., como una mezcla de dolor e ira. Fue tan intenso lo que sentí, amigo, que terminé dañando el trabajo de todo el equipo exactamente en el momento en que se fue mi querida tía del mundo físico... ¡Qué débil estoy todavía...! Sin preparación e inmaduro, me dejo llevar por el egoísmo. Aun peor, estoy seguro que lo recordaré, ese episodio me duele mucho... Ahora, aquí estoy exponiendo toda mi angustia, trato de inhibir las preguntas que resuenan dentro de mí, como, por ejemplo, quién es el encarnado que disfruta de la dulce compañía que un día me fue arrebatada por la muerte prematura? ¿Qué importancia tiene él en su vida...? ¿Por qué su rostro me parece tan familiar...? - Un profundo suspiro antes de terminar la perorata -. ¿Tienes alguna respuesta que alivie mi confusión mental?

- Todas las respuestas están dentro de ti, amigo mío... Con paciencia, resignación y manteniendo la mirada al servicio del hombre, surgirán sin que tú lo esperes, una a una, de forma pacífica o como en una avalancha. Dale tiempo para contribuir y sabiamente poner todas las cosas en el lugar que les corresponde...

- Paciencia, resignación, concentración... Esto es todo lo que he mantenido desde que entendí mi verdadera condición y la responsabilidad total de mi destino ante la eternidad. Sin embargo, mis elecciones a partir de experiencias milenarias indican cuánto me queda todavía por crecer, avanzar y superar el obstinado estancamiento en el que me he quedado... - y suspirando pensativamente, continuó -. Créeme, Clemencio, esto no es una queja, ¡solo una dura observación de mi pobre estado espiritual...!

He estado pensando mucho en estos temas últimamente y ese encuentro inesperado encendió mis amargas conjeturas. Siento que todas las vidas que me ofrecieron era un rompecabezas gigantesco e inacabado, al cual le faltan algunas piezas... La insatisfacción me cubre de curiosidad e incomprensión de ciertos puntos vacíos... En ellos radica toda mi angustiada búsqueda: Hanna cubrió gran parte del inmenso vacío que me acompaña en las eras de los errores. A otros, que pasaron por mis sucesivas vidas y dejaron huellas, y asuntos pendientes, aun no los reconozco... A unos y a otros los encontré en el plano que ahora ocupo. Sin embargo, tantos otros se pierden en las ropas de la carne y las deudas inmensas nos atraen y repelen continuamente... Temo que sea él, el desconocido, uno de esos enemigos a los que tanto daño he hecho... Nada, porque ahora, tengo la certeza de lo que te cuento, pero dentro de mí una voz muy íntima me hace pensar en esta hipótesis... - Rud se vio llevado a nuevos descubrimientos, aunque bastante confundido e indeciso - ¿qué crees de eso?

- Puede ser. ¡Todo es posible, hermano mío! Sin embargo, no te tortures tanto. Pronto todo quedará aclarado. En el momento justo encontrarás la solución a todo lo que te molesta... Piensa en lo mucho que ya has logrado: la claridad para ver tus errores; en el deseo de arreglarlos; en los amigos que hizo de este lado, son las piezas importantes del rompecabezas mencionado y seguro aparecerán las piezas que faltan...

- ¿Entonces mi línea de razonamiento es correcta? - Preguntó.

- Puedes apostar. Un hecho que prueba cuánto has madurado... No te preocupes tanto por la presencia del hermano que encontramos en el hogar terrenal compartiendo amarguras con tu Hanna... Recuerda que nada es casualidad y si juntos los encontramos fue un elección temprana... ¿Entiendes lo que digo?

- Sí. Duele mucho, pero entiendo perfectamente que es difícil aceptar sin dejar que los celos me dominen...

- Esfuérzate, ora, trabaja y busca la paz interior que tanto te ha sacudido.

Un abrazo fue el consuelo que esperaba el corazón atormentado de Rudolph, la conversación tomó un cariz más apacible y, tiempo después, las risas borraron de una vez por todas el tormento inicial.

Los días pasaban empujándolo hacia adelante, y entre el trabajo y las reuniones con amigos intentaba tomarse el mayor tiempo posible evitando los recuerdos que tanto lo confundían. Los lazos de amistad en el nuevo ciclo vital se fortalecieron día a día, convirtiéndose en el arma perfecta contra las perturbaciones provocadas durante la excursión terrestre. Además de Clemencio, otras presencias fueron positivas en esa etapa, como Albert y Yohan. Ambos visitaron la ciudad espiritual donde vivía Rudolph. Vinieron de otro hogar espiritual para realizar un trabajo: impartir un curso e iluminación en el área de las vibraciones energéticas, ciencia de gran utilidad para el equilibrio espiritual.

Y, aprovechando la oportunidad, se incluyó paralelamente un tratamiento específico para algunos hermanos recién llegados.

Fue en la última noche, cuando los dos espíritus anunciaron su partida preparada para el amanecer del nuevo día, que se les asignó otra misión: ayudar en un encuentro entre dos almas de ideas afines, cuyo objetivo era proporcionar una solución definitiva para los directamente implicados: Rudolph y Nicolay.

Sin perder más tiempo y contentos con la confianza que el cielo depositaba en ellos, partieron hacia la esfera terrestre con el fin de guiar al periespíritu del médico ruso durante las horas de descanso nocturno. Dormía profundamente. Su cuerpo descansó para el merecido refrigerio después de la larga jornada de trabajo y preocupaciones, facilitando la acción de las dos entidades encargadas de transportarlo hasta donde se encontraba el otro... Un enorme anfiteatro ubicado a orillas de magnífico lago, justo en la zona central de la Colonia espiritual brasileña, serviría de escenario... La apasionante presentación teatral que simuló bien la construcción del Cosmos y sus galaxias ya estaba cerca del final cuando Rudolph se mezcló con el público quedó encantado con tanta fidelidad de detalles, vestuario, efectos especiales y contenido histórico... Los calurosos aplausos indicaron el final del espectáculo y un fuerte arrobo se apoderó de todos los que, en silencio, abandonaron el lugar.

Impresionados, comentaron la perfecta actuación antes de despedirse. En aquella ocasión, de manera única y fuera de lo rutinario, el joven de origen germánico decidió caminar por la avenida que rodeaba al hermoso lago de agua plateada bajo la luz de la Luna, meditando en la grandeza de la Creación Divina y ni siquiera se dio cuenta que el repentino deseo de estar solo en ese momento seguía el plan amistoso que favorecería la realización de la tarea reconciliadora.

Un paseo tranquilo, sin prisas y una mirada al infinito lo llevarían a cualquier lugar de la Colonia... No tenía ningún destino específico, solo el deseo de estar consigo mismo. De repente se escucharon otros pasos. Pensó que eran los de su amigo Clemencio y, de repente, dirigió su atención al sonido que anunciaba la proximidad... Era Albert. Sorprendido, sonrió mientras miraba la admirable figura.

- ¿Tú aquí? Me imaginé que estabas descansando antes de irte... ¿Viniste a despedirte? - Preguntó.

- En cierto modo, sí. Pero no vine a verte solo...

Rudolph vio a lo lejos dos figuras iluminadas. Reconoció a Yohan en compañía de alguien, cuyo fino hilo plateado en la nuca lo identificaba como una persona encarnada. Sin entender por qué, lo invadió un vacío seguido de un rápido estremecimiento. Sin querer arriesgarse a hacer conjeturas, esperó una explicación.

- Ven, amigo mío. Sentémonos en esa banca para charlar...

Él obedeció automáticamente. Confió en el cuidadoso buen sentido de quien fue el primer amigo que hizo cuando lo sacaron del Umbral. Algo estaba por suceder esa noche y su intuición le sugirió que era importante y definitivo.

- Sé que ya reconociste a Yohan trayendo a alguien que resolverá las preguntas que aun te atormentan y te impiden seguir libremente el camino redentor... - explicó la entidad mientras los demás se acercaban tranquilamente.

Rudolph escuchó a su amigo sin prestar atención a la pareja cada vez más y más cerca. Un grito ahogado salió y un breve mareo casi lo abandonó cuando vio en el hombre encarnado la alternancia de rasgos que le hicieron reconocerlo de inmediato... A medida que se acercaban, el hombre que traían tenía una fisonomía cambiada y alternaban entre el que había encontrado en casa de Hanna y Aaron, el tejedor al que dañó en vidas pasadas cuando conspiró contra él para robarle a Leah, su prometida, que no era más que su antigua amada... Era él. Aun podía reconocerlo como el visitante que conoció en el primer sueño que tuvo al llegar a aquel hogar espiritual, cuyo nombre le salió claro: Nicolay.

- Sí, ese fue el nombre que escuchaste... el mismo hombre de tu pasado... Dos identidades distintas en una misma alma...

- Dios mío, lo que hice contra esta criatura es indescriptible, imperdonable...

Todo giraba en torno a él, víctima de la vergüenza y del arrepentimiento asfixiante, porque allí comprendió que los caminos de la vida son sorprendentes y reparadores, que no hay impunidad por los males causados en algún momento de nuestra existencia.

Capítulo XXVI
CON NICOLAY

Después que un torbellino de aguas invadió las ciudades y luego reveló toda la destrucción causada, escenas de un tiempo remoto emergieron en la mente de Rud, acusando y amordazando la conciencia dormida que ni siquiera las diversas reencarnaciones lograron borrar...

Las circunstancias los llevaron a un choque decisivo y la actitud más sensata después del impacto inicial sería restablecer el pasado con el perdón mutuo, porque hasta entonces los habían rodeado tormentos centenarios. Esta podría ser la última oportunidad de reconciliación, evitando la vergüenza de pasar por otros siglos de sufrimiento y arrepentimiento.

La vida es así. Fuimos dotados por Dios con el derecho de ejercer nuestro libre albedrío, lo que nos da la posibilidad de elegir en todos los ámbitos de nuestra vida terrenal o espiritual. A cambio, recibimos, al mismo tiempo, deberes y asumimos la responsabilidad de todos los trabajos realizados durante nuestra carrera individual.

Sin embargo, comúnmente olvidamos los errores cometidos entre una reencarnación y otra. Por eso, seguimos reproduciendo nuevos errores hasta que, cansados y humillados, volvamos nuestros esfuerzos al camino del bien colectivo, único camino para sanar las heridas adquiridas con malas decisiones pasadas...

De pie, uno frente al otro, sin análisis ni comparaciones, sin prisas ni cobranzas, Nick y Rud buscaban fuerzas; en cuanto al abrazo liberador, ambos espiritualmente tenían plenas condiciones para la prueba de humildad.

Acto sublime. Un breve momento reunió a dos almas separadas por las tormentas de la vida física y olvidadas en los años de rescates.

- Recién ahora logré reconocerte... Sabía que no eras un extraño, pero la densa niebla me impedía recordarte... - Confesó Rud humildemente.

- He estado muy cerca de ti, siempre que me lo permiten, está claro....

- Lo que demuestras tus mejores condiciones. En cuanto a mí, pobre alma perdida en errores agravados por la soberbia y el egoísmo, compañeros de todos los lugares destinados a mí... – Rudolph se justificaba por los actos vergonzosos cometidos, cuyos resultados fueron tan amargos como esenciales -. ¡Claro que ya conoces la historia de mi última encarnación...! Empeoré mucho mi evolución y si no fuera por el amor y celo de muchos queridos hermanos, no gozaría hoy de tantos beneficios...

- La gratitud es un sentimiento noble y raros son quienes lo poseen, pues demuestra cuánto se ha desarrollado ya tu lado espiritual. Resultado seguro de tu propio esfuerzo: ¡en los logros que mereces! - observó Nick con sinceridad.

- La bondad divina es el autor de esta obra que derivó en el nuevo ser en que me he convertido, a pesar de los absurdos cometidos contra miles de hermanos, incluido tú... Fui uno de los verdugos durante la guerra demencial que estalló en Europa en este siglo en la Tierra... En el apogeo de los peores delirios humanos en nombre de creencias erróneas de superioridad racial, los arios vencieron en crueldad, derivados de prejuicios ciegos...

Nick escuchó en silencio, aunque los recuerdos del triste episodio todavía le causaban dolor y malestar. Formó parte de la dura estadística de víctimas no fatales y sintió un vacío aplastante por la muerte de toda su familia... Todos los días luchaba contra los recuerdos en un intento de olvidar tanta "injusticia" si no hubiera sido mejor sucumbir con los suyos y así ahorrarse el doloroso sufrimiento que solo el amor que venía de Hanna había podido aliviar, aunque no fuera tan recíproco como siempre había soñado.

La tenía como un sol calentando su corazón, el alma llena de la oscuridad que le causaban las pérdidas... Frente a Rudolph, a quien se debe considerar como rival o, al menos, la personificación de los locos nazis que tanto daño causaron a la Humanidad no podía sentir revuelta, odio o el esperado desprecio. Se sentía en deuda con aquella criatura perdida, resultado de un pasado oscuro, más precisamente antes de la encarnación que vivió como Aarón, en los tiempos en que el Maestro Jesús estaba en la Tierra.

Un pasado vergonzoso marcado por batallas egoístas y acciones sin escrúpulos en una época alejada de valores religiosos y morales raros, donde lo único que importaba era el poder a cualquier precio.

Solo siglos después de la venida del Mesías y la Sus reveladoras y profundas enseñanzas transformaron por completo a Nick. A partir de ahí dejó de luchar contra sus propios defectos y ascendió lentamente por el camino liberador hacia el que algún día deberán marchar todas las criaturas...

- Aquellos que hoy se encuentran en mejores condiciones espirituales y recorren nuevos caminos al servicio del bien y de las verdades eternas, en algún momento de sus vidas flaquearon, promoviendo la destrucción y el daño por todas partes. Y, cuando se cansaron, respondieron al llamado íntimo, una invitación a recurrir a la luz y al igual que el hijo pródigo regresaron humillados... - se reveló Nick -. En algún momento, nuestra conciencia despierta para dar el primer paso hacia una transformación contundente... Así es con todas las criaturas.

- Sí, conmigo también fue así... - asintió Rud.

- Sembramos y cosechamos, es la Ley. Que yo recuerde, ya te he hecho mucho daño durante los viajes que juntos cruzamos y te puedo asegurar que queda lejos nuestra correlación de amor y odio...

- Solo recuerdo la encarnación en la época en que Jesús de Nazaret vivía en la Tierra...

- Mucho antes que debatiéramos en vastas disputas...

Nicolay, con un gesto, pidió ayuda a Albert y Yohan que observaban cerca. Respondieron rápidamente. Cada una de las dos entidades iluminadas colocó su mano derecha sobre las cabezas de los interesados e instantáneamente los acontecimientos de un pasado lejano comenzaron a emerger para ambos.

Las escenas aparecían como en una película y extraídas de recuerdos de una época remota, la escena, poco a poco, se fue definiendo y, asombrado, Rud se encontró en una de las sociedades más antiguas, Babilonia, considerada una de las cunas de la civilización. Situada entre los ríos Tigris y Éufrates en el sur de Mesopotamia, cuyo tiempo cronológico fue aproximadamente 750 años antes de Moisés; es decir, más o menos 2.250 años antes de la venida de Cristo. Insertado en ese escenario que ya le resultaba familiar, se encontró viviendo como uno de los comandantes del ejército del rey Sargán I, fundador del imperio babilónico. Su nombre era Okkad, un hombre hicso maduro y poco atractivo... A su favor solo tenía el poder que ostentaba bajo las órdenes del rey. Este poder lo realizó con extremo orgullo. Su mirada fría quedó marcada por la profunda cicatriz en su mejilla izquierda, resultado de una de las muchas luchas libradas con el objetivo de expandir el territorio babilónico. La confianza que se ganó ante el soberano también le valió el liderazgo de la guardia de palacio, cargo que le permitió ascender al segundo lugar al mando del imperio...

Al recordar la encarnación antes mencionada, se estremeció al reconocer a Nicolay y Hanna siendo parte del contexto secular...

Nicolay, en el cuerpo de Eppi, un joven nacido en ese imperio, cuya forma física revelaba abundante virilidad en su envidiable complexión atlética. Responsable de todos los servicios de cocina, contaba con el aprecio de muchas de las mujeres... Hanna era la bella Karmir, una niña de 13 años, hija de Tekkah, la madre de las cocineras. Creció en esos dominios hasta convertirse en una de las sirvientas más bellas del palacio... Encargada de servir todas las comidas a los miembros de la Corte, provocó confusión y despertó pasiones.

Su deslumbrante belleza estaba adornada por profundos ojos negros y cabello rizado que caía hasta la cintura. Tan pronto como la vio, Okkad la deseó desesperadamente e hizo todo lo que pudo para conquistarla. Hombre experimentado, no tardó en notar la ambición desenfrenada en el carácter de la joven... Interesada, supo aprovechar la situación con sus encantos y poder de seducción.

De repente Rudolph se estremeció al recordar descubrir lo lejano que era el vínculo que lo unía a Hanna y Nicolay... Fue el comienzo de la civilización organizada y quizás también de esa saga de amor... Fue testigo de la formación de una peligrosa y fatal relación. Karmir jugó con los sentimientos de Eppi, quien amaba sinceramente a la hermosa sirvienta, mientras ella también dormía con Okkad...

Durante un tiempo, el engaño de la joven sirviente tuvo éxito. Bañado en egoísmo y sediento de posesión de fortuna, Karmir jugaba con los dos hombres que parecían marionetas en sus manos... Sin embargo, como todas las ilusiones un día terminan, las suyas estuvieron a punto de hundirse en el mar de mentiras construidas...

Okkad empezó a desconfiar de la fidelidad de su amante y, enloquecido por los celos, obligó a uno de los esclavos a vigilarla día y noche.

Poco después, el secreto fue descubierto al quitarle la máscara a la bella babilónica, el alto funcionario de palacio, vencido por la furia, decidió vengarse de la misma manera que lo hacía con todos los que tenían la desgracia de cruzarse en su camino... Eppi sería una persona más en desaparecer de la faz de la Tierra sin que nadie lo extrañe. Así se haría: el oponente de Okkad sería asesinado. El destino de cada uno se puso en duda con resultados fatales para el trío, porque el mismo deseo de eliminar a su rival comenzó a impulsar la vida del pacífico servidor... Uno conmovido por amor sincero y el otro, por lujuria y deseo de posesión. Sin embargo, ambos fueron sugeridos por fuerzas invisibles y malévolas que los guiaron, llevándolos en dirección a los hechos.

La suerte estaba echada y las acciones fatídicas ocurrieron simultáneamente. La misma noche en que Eppi decidió envenenar el vino que se serviría al alto funcionario, ya había ordenado la muerte de su oponente, cuyas órdenes dadas le impedirían ver surgir el día siguiente...

Mientras Okkad moría con el estómago ardiendo por la sustancia letal, Eppi recibió una cuchillada en el corazón con la daga de uno de los esclavos...

Karmir, que solo se amaba a sí misma, no pudo soportar el desenlace del que era responsable y, ante el impacto de la noticia de la doble muerte, se suicidó bebiendo el mismo líquido mortal utilizado anteriormente con una de las víctimas.

El trágico final de aquellas criaturas las alejó de la vida terrena... Transportadas a zonas inferiores, expiaron sus faltas durante algunos siglos.

Capítulo XXVII
CARA A CARA CON LA VERDAD

Una vez creadas las imágenes de la encarnación en Babilonia, Rudolph tembló de emoción y de cierto asombro... Quizás porque era un momento histórico en el que poca conciencia espiritual se centraba en el culto a los dioses y en la apreciación: acción de lo material o, tal vez, por la exposición de algo casi ignorado, perdido en las arenas del tiempo...

Los mismos patrocinadores de aquella oportunidad, cuyo contexto reveló un poco más de los misterios almacenados durante las sucesivas encarnaciones, lo apoyaron con bondad. Nick, más equilibrado, prescindió de los cuidados de Albert y Yohan.

El debate sobre las sensaciones vividas se produjo momentos después, cuando ya no quedaba ningún rastro de desequilibrio en Rud.

-Ahora, más refrescado, ¿entiendes nuestra conexión?

- ¡Entiendo cuánto daño ya te he hecho...! En el primer recuerdo te reconocí en el humilde Aarón arrojado al Valle de los Leprosos según mis órdenes... ¡Qué vergüenza! No soy digno de tu perdón, más aun después de descubrir que en nuestras disputas siempre fui yo quien te causó el mayor daño...

- También cometí muchos errores contigo. Dominado por el repique enfermo, te envenené cobardemente...

- Hanna, mi dulce Hanna, ha sido el centro de nuestras peleas... Aun así, consciente de ello, ¡la amo de verdad...! - Confesó Rudolph.

- Y ella también te ama con la misma intensidad...

El rostro de Rudolph se iluminó al escuchar la confesión. En ese momento, los dos estaban solos, pues los amigos que los ayudaron ya se habían ido, brindando una oportunidad de entendimiento mutuo. Tenían mucho de qué hablar, muchas asperezas que limar y la discreción les impedía quedarse ahí...

- ¿Por qué la sorpresa? ¡Tú conoces sus sentimientos...! ¡Incluso después de tantos años separados por la muerte, el corazón de esa mujer aun late al mismo ritmo que el tuyo, hermano mío...! - Continuó Nick entre suspiros -. Soy y siempre he sido, en todas las vidas que nos unieron, un personaje secundario en la historia de amor que los une.

- ¿Por eso te vi en compañía de Hanna el día de la muerte de tía Bertha? - Quiso saber Rudolph y comprender toda esa dinámica.

- Sí. Y te voy a contar una larga historia... Todo comenzó cuando ella, muy asustada, llegó a la mansión de tu tía Bertha huyendo de la guerra y esperando reencontrarse contigo en Brasil...

- Cuéntamelo todo, por favor.

Con cada frase que narraba los pasos del fugitivo de Treblinka, la emoción se apoderaba del joven oficial desencarnado, por saber que el amor jurado entre cuatro paredes había resistido todas las pruebas y sufrimientos... Hubo momentos en los que se hizo difícil prestar atención a las palabras de Nick, porque los recuerdos afloraban vívidos y vibrantes. Sin embargo, el deseo de conocer cada detalle del rudo trajinar de su amada le hizo controlarse. Ella todavía vivía en carne y hueso, sin sus fuertes brazos que la protegieran de las tormentas de la vida, pero con toda la fuerza de un amor antiguo...

Resuelto, el médico ruso no ocultó los detalles de la narración, provocando un inmenso agradecimiento en el oyente que, a estas alturas de la conferencia, ya conocía su verdadero sentimiento hacia su musa. Era el mismo sentimiento que habían compartido durante mucho tiempo, aunque siempre era él quien no era correspondido... La rivalidad borra la verdadera amistad y plena confianza, sin el veneno destilado por los celos.

- Nunca recibí más que el respeto y la consideración de Hanna... Juntos cruzamos todas las barreras impuestas por los cambios que provocó la guerra. Cruzamos mares, aprendimos otro idioma y nuevas costumbres, compartimos intereses, pero nunca intercambiamos un solo afecto... Una barrera insuperable se levantó entre Hanna y yo durante muchas noches maldije su presencia permanente en nuestras vidas... - Nick lloró durante la confianza. Finalmente, con la ayuda de mis amigos Albert y Yohan que me trajeron aquí mientras dormía, acepté los hechos y mi verdadero lugar dentro de este contexto...

- Lo siento por ti... Espero que algún día encuentre a alguien que dé a luz un amor tan verdadero como el mío y el de Hanna...

- ¡Sí, lo haré! - afirmó sonriendo suavemente -. Rud, hay una revelación más... Algo que omití desde el principio de nuestra conversación...

- ¿Hay más sorpresas?

- Quizás sea la más importante de todas... - Nicolay necesitó unos minutos para ordenar sus pensamientos, luego empezó de nuevo.

- Cuando te despediste con motivo de la fuga en Treblinka, Hanna no estaba sola...

- ¿Qué quieres decir? Ella salió del campo en compañía de otros judíos y el equipo se reunió para ayudarlos. No la dejaría salir de allí sola y sin un plan que asegurara su vida...

- No me entendiste. Déjame explicar...

Rudo parecía preocupado. No entendía por qué el nudo insistía en apretarle la garganta. Algo se había escapado de su control en aquel fatídico día en que se separaron... Dominando la ansiedad que lo invadía, de repente cerró los ojos para una breve y sentida oración.

Nicolay esperó respetuosamente.

- Cuando llegó a la mansión para estar bajo cuidado de tu tía aun no sabía que llevaba consigo otra vida... El descubrimiento llegó tiempo después...

- ¿Qué me estás diciendo...? Hanna... ¿Otra vida? ¿Estoy entendiendo el significado de esto? - Entre confundido y sorprendido, no quería creer lo que decía y gritó -. ¿Estaba embarazada? Es eso, hermano mío, ¡dímelo por el amor de Dios...!

- Sí. Su hijo nació en su vientre y dejó Alemania para nacer sano y salvo en Brasil... Erick es el nombre del fruto de tu amor... Hoy es un joven apuesto, lleno de ideales y planes...

- Dios mío, ¿por qué...? Soy padre y ni siquiera lo sabía... ¿fue tan grave lo que hice como para merecer tal calvario? - Rud sollozó como un niño.

- Cálmate. No te rebeles contra Dios. Más bien, agradece el regalo de haberle permitido nacer lejos de aquel escenario de guerra... Nació sano y en tierra bendita. Pero...

- ¿Aun hay más...? - Rud no pudo soportar tantas revelaciones más.

- Prepara tu corazón; cuando...

Abrazando a su muy conmocionado amigo, Nick estaba decidido a llegar hasta el final. No omitiría ni una sola coma.

- Erick no sabe que es hijo de un capitán nazi ni que fue concebido en un campo de concentración... De hecho, cree que soy su padre... Hanna, tía Bertha y yo pensamos que es mejor que él creyera eso. Evitamos mayor sufrimiento previniendo que él sufriera prejuicios innecesarios… ¡Por eso, también te pedimos perdón!… – Rud estuvo a punto de interrumpirlo, pero ante una señal de Nick se quedó en silencio. Este detalle también será arreglado, Hanna y yo decidimos decirle toda la verdad al chico... Entendimos que no podemos ocultar su verdadera identidad...

- Mi hijo Erik... ¡Qué emoción! Lo vi cuando visité tu casa, pensé que se parecía a mi padre... Ahora entiendo el parecido, porque son abuela y nieto... - le habló con la voz ahogada por la emoción -. ¿Cuál será su reacción cuando descubra que su verdadero padre era un nazi asesino...?

- No te denomines como tal, tú también fuiste víctima de ese lunático... Tu esencia es noble, y tu hijo lo sabrá. Hanna trae consigo, guardado como un tesoro, el colgante con su foto y un diario con páginas que narran todo su viaje desde el día en que se conocieron. En él, ella menciona tu sacrificio por ella y por otros judíos. También revela su posición contra Hitler y sus ideas raciales distorsionadas... ¡Tu hijo sabrá toda la verdad y todo su valor...!

- No sé cómo agradecerte todo... Tú los cuidaste en mi lugar, fuiste paciente, amigo y padre... Ni siquiera merecía todo eso...

- Ésa es mi misión en esta encarnación. Elegí este camino para poder borrar todo el daño que te he hecho a lo largo de los siglos...

- ¿Y qué debo hacer para eliminar también el daño que le causé?

- Permanecer en el camino del bien, elegido sabiamente... ¡Sigue trabajando para los demás, creciendo para Dios...! Así estaremos igualados.

- ¡Prometo que me esforzaré cada día por siempre...!

Capítulo XXVIII
UN NUEVO AMANECER

Desde aquel encuentro, Rudolph tuvo una nueva conciencia: los esfuerzos en los triples designios divinos eran en igual proporción a las horas extras adquiridas.

La alegría de saber sobre la paternidad era visible y contagiante. Principalmente en las horas del sueño terrenal cuando Erick, desprendido de la materia, acudía a él... Momentos valiosos llenaron las largas conversaciones entre padre e hijo... Ambos, sometidos a un período de descubrimientos y adaptación con el objetivo de hacerlo más fácil para que los jóvenes encarnados acepten su verdadera identidad y sus verdaderas raíces.

Mientras tanto, como consecuencia de largos años de tristeza disfrazada, Hanna enfermó y, cada día, su energía vital se apagaba. Poco a poco se fue sintiendo más abatida y desanimada de luchar por la preservación de la vida... En su mente, muchos recuerdos: los recuerdos amargos de los tiempos de guerra se mezclaron con los de su adolescencia junto a su familia perdida. Luego aparecieron flashbacks de la época en la clandestinidad en la mansión, la fuga a Brasil, la fiel compañía de Nicolay y, finalmente, el nacimiento de su hijo y las distintas etapas de su crecimiento en ese país acogedor...

La semilla fértil de un amor perdido en los campos de guerra se había transformado en un joven apuesto, lleno de sueños y de luchas por la igualdad durante los años de la estricta dictadura brasileña... Idealista y audaz, no apreciaba los peligros contenidos en aquel forma de gobierno opresivo, razón por la cual Hanna se preocupaba mucho. Y, a pesar de sentirse culpable por sus inquietudes maternales, no renunció a los ideales motivadores de la juventud de aquella época, más aun recibiendo el aliento y apoyo de su "padre" Nicolay. Sí, lo tenía como figura paterna, aunque, físicamente, no había ningún parecido entre ellos. La sensación que algo no encajaba en ese cuadro familiar aumentó a medida que pasaban los años y aumentaba la capacidad de comprensión... Sentía un amor inusual por aquel hombre trabajador y honesto, pero, por otro lado, carecían de afinidades, ya que el joven estudiante involucrado en los movimientos estudiantiles tenía un temperamento fuerte y desafiante, mientras que "su padre" se adaptaba fácilmente a los reveses impuestos. Creía que tal comportamiento no era más que los reflejos provocados por el Holocausto ocurrido en Europa. Su madre demostró, en varias ocasiones, total alienación... Como si no perteneciera al mundo real. Sintió pena por aquella sufrida figura femenina que revelaba un dolor invisible y un vacío indescifrable, cuya única certeza revelada era el matrimonio de apariencia mantenido por los lazos de gratitud y amistad hacia su esposo quien, a su vez, la veneraba como a una santa.

En la realidad actual, Erick, fruto de un amor secreto victimizado por el nazismo, estaba madurando rápidamente... Vio morir a Bertha dejando un vacío en su familia, no pasaría mucho tiempo antes que Hanna también lo dejara para siempre. Temió volver a vivir la misma pesadilla y, como forma de escape, se dedicó a luchar por la causa contra la intolerancia militar. Sin embargo, en esos últimos días algo tocó su filial corazón. Por eso, decidió estar más presente en casa y, sin saber por qué, fortaleció aun más los lazos que lo unían a sus padres... Febril, Hanna ya no salía de su cama. Nick, con su extrema dedicación, nunca la dejó sola ni un minuto. Utilizó las enseñanzas de la medicina para tratar de restaurar su salud, pero todos sus esfuerzos fueron en vano, y con cada amanecer, se debilitaba...

Una mañana lluviosa, tomó la difícil decisión y, apoyada por su pareja, llamó a su hijo a la cama que la abrazaba.

- Papá me pidió que viniera a verte... ¿Te pasó algo...? - El corazón del joven latía acelerado por un miedo creciente.

- Fui yo quien reclamó tu presencia... - Hanna articuló las palabras con cierta dificultad -. Quiero regalarte algo... - en una simple mención le pidió a Nick que trajera el objeto.

Erick observó la escena y vio cuando su padre tomó un pequeño cofre de madera de lo alto del armario y se lo entregó a las manos temblorosas de la moribunda. Le quitaron del cuello una llave atada a una cuerda durante años. Luego abrió el tesoro desconocido. Le sacó un cuaderno, páginas amarillentas y otro colgante dorado sostenido por una cadena de oro.

- Quiero que esto se quede contigo, hijo mío... Léelo con cariño... No sé si resistiré hasta el final de la lectura. ¡Por eso, de antemano, te pido perdón...! - Agotada por el esfuerzo, guardó silencio.

- ¿Qué hay en ese cuaderno que necesitas de mi perdón? - quiso saber el hijo.

- ¡Tu lo descubrirás! ¡Haz lo que te pide tu madre! – ordenó Nick, ahorrándole el esfuerzo de nuevo.

Besándola respetuosamente, salió de la habitación llevándose consigo el misterio a punto de resolverse.

Ya en su habitación, abrió su cuaderno y comenzó a leer. La mitad de las páginas estaban escritas en alemán y la otra en portugués. A Erick se le puso la piel de gallina por completo y una extraña sensación se apoderó de él... Sabía que algo muy serio encerraba esas líneas, por tal motivo decidió obedecer esa sensación e inmediatamente comenzó a leer.

Por su parte, Rudolph y Bertha eran invisibles. Los dos espíritus oraron fervientemente, implorando la misericordia divina para la necesaria comprensión de la verdad que sería revelada.

Las horas pasaban y el joven no dejaba nunca de leer. A veces lloraba, a veces se sorprendía con las palabras que describían toda la trayectoria de la figura materna desde su llegada al campo de concentración de Treblinka. En cada página la revelación de un pasado secreto y la claridad de muchas cuestiones íntimas.

Erick descubrió su historia oculta, sus orígenes y su verdadero padre, un oficial nazi que, a los ojos de su madre, se convirtió en el mayor héroe cuando dio su vida para salvar a la mujer que amaba y al hijo ignorado envuelto en su vientre...

Las lágrimas fluían con facilidad ante la dificultad de entender por qué ese secreto era tan importante, pues, hasta entonces, tenía a Nick como su único padre... Y siempre lo sería, aunque una fuente desconocida lo tocó frente al retrato casi borrado de un oficial alemán guardado durante tantos años en ese colgante.

Confundido, pidió explicaciones a Nicolay. Lo encontraron sentado a la mesa tomando una taza de café.

La conversación fue larga y esclarecedora. Emocionados, se abrazaron y permanecieron así hasta que las lágrimas terminaron y la calma una vez más los dominó...

Refrescado, el joven salió a caminar. Caminó alrededor de la cuadra donde vivía. Organizó sus pensamientos y se armó de valor para volver a ver a su madre.

Dos cuartos de hora más tarde regresó en silencio. Entró en las habitaciones de Hanna. Una paz nunca antes sentida lo invadió... Se sentó junto a la cama y tomó con amor las frías manos de la mujer que le había dado la vida. Fue un momento difícil para decir adiós, el miedo se confundió con el sentimiento de agradecimiento.

- Mamá, leí tus confidencias. Lo sé todo. Es verdad... ¿Por qué nunca me lo dijiste?

- Por respeto y consideración hacia Nick, el hombre que te crio como un padre cariñoso...

- Lo entiendo... Él siempre será mi padre... Era el único que conocí...

- Sí. Ahora dime que me perdonas por no haberte revelado nunca la verdad... – pidió Hanna, jadeando.

- No tengo nada que perdonar. Tenías tus motivos... ¡No lo pienses más y descansa!

- Estoy muy feliz de decirte la verdad... descansaré más tarde y, si Dios quiere, en los brazos de Rudolph Günter, tu padre y mi gran amor...

- No hables así, estarás bien...

- Hijo mío... - anticipando el final, tomó fuertemente la mano de Erick y le pidió -. Llama a Nick, por favor...

- Sí, mamá.

Ya iba a cumplir el pedido cuando lo detuvieron por lo que ella dijo:

- Hijo mío, nunca olvides lo que te diré: yo siempre te amaré...

Conmovido, el muchacho fue a buscar al médico ruso. Luego regresaron juntos, pero, para sorpresa de ambos, Hanna ya no respiraba y, a pesar del masaje cardíaco aplicado por su compañero durante los años de silenciosa soledad, ni un solo músculo se movía... Ella realmente se había ido, y los dos se abrazaron; lloraron lastimosamente...

Desencarnados, un equipo de espíritus calificados la estaba separando lentamente de su cuerpo. Ya libre, vio a Bertha, su padre, su madre y Yoseph Yochannan, su hermano perdido, quienes, en un rincón, le sonreían con los brazos abiertos... La alegría se apoderó de ella y un largo abrazo llenó el anhelo que sentía, parecía no tener fin...

De repente, apareció una luz en la habitación. Estaba tomando forma lentamente... Hanna perdió el conocimiento cuando vio la forma clara de Rudolph frente a ella. Días después, amaneció en una cama ubicada en un hospital de la Colonia. Sonriendo a su lado estaba él.

- ¡Bienvenida, querida...! Hace tiempo que esperaba este momento. ¡Alabado sea Dios por permitirme tal fortuna!

- Rud... - la voz de Hanna murió ahogada en la garganta.

- No diga nada. Todo está bien ahora... Estamos juntos para siempre...

- Dime que no es un sueño, una ilusión... Escucho tu voz, siento tu tacto, tu olor... Y todo es tan real... Me siento tan viva, al mismo tiempo sé que me ha visitado la muerte...

- No es un sueño. Dejaste tu cuerpo y viniste a unirte a mí... La muerte no es el final, y todavía estás tan viva como antes, solo hubo un cambio de dimensión... Con el tiempo aprenderás tantas cosas...

Para muchos que desconocen la condición de espíritus eternos, al dejar la vida en la carne, son vencidos por una confusión mental que dura por tiempo indefinido dependiendo de su etapa evolutiva. Sin embargo, Hanna ya trajo en su equipaje suficientes aclaraciones, aunque dormidas, que no la perturbaron tanto en su nueva condición. Las sorpresas parecían casi normales.

- Sigues siendo el mismo joven del que me despedí en el campo... ¡Tan bello y robusto...! Para mí los años que pasaron transformándome... - Hanna se cubrió el rostro avergonzado por las marcas del tiempo en él.

- Tu apariencia es hermosa y sigues siendo la misma que ese día...

- No, Rud, me he hecho muy vieja lejos de ti...

Rud la sujetó del brazo y la llevó hasta un espejo brillantemente iluminado fijado a la pared de esa habitación.

- ¡Mírate con tus propios ojos...!

Apenas podía creer la imagen que reflejaba.

- ¿Cómo puede ser esto? Me veo como cuando tenía 19 años...

- Cuando estamos en espíritu, podemos elegir la edad y los rasgos de cualquiera de las vidas que hayamos tenido.

- ¿Cómo así? Explícame mejor...

- Te enseñaré muchas cosas nuevas sobre este nuevo mundo al que ahora pertenecemos... Pero poco a poco... Ahora, aliméntate de este caldo y, después, pasearemos por los hermosos jardines de este hospital..

- ¿Estoy en un hospital?

- Sí, querida. Estás aquí para un tratamiento rápido y pronto podrás volver a casa conmigo... No tengas miedo, estaré contigo todo el tiempo... De hecho, ahora tenemos todo el tiempo del mundo, es decir, tenemos la eternidad de nuestro lado.

- ¡Como siempre soñé...! - Dijo Hanna.

- Seremos dos en uno... Inseparables... - Rud sonrió y añadió -. ¿Todo lo que tengo que hacer es saber si me apoyarás?

- Por toda la eternidad... - respondió Hanna, desconcertada.

- Este es nuestro destino: Amarnos durante todas nuestras existencias...

FIN

Grandes Éxitos de Zibia Gasparetto

Con más de 20 millones de títulos vendidos, la autora ha contribuido para el fortalecimiento de la literatura espiritualista en el mercado editorial y para la popularización de la espiritualidad. Conozca más éxitos de la escritora.

Romances Dictados por el Espíritu Lucius

La Fuerza de la Vida

La Verdad de cada uno

La vida sabe lo que hace

Ella confió en la vida

Entre el Amor y la Guerra

Esmeralda

Espinas del Tiempo

Lazos Eternos

Nada es por Casualidad

Nadie es de Nadie

El Abogado de Dios

El Mañana a Dios pertenece

El Amor Venció

Encuentro Inesperado

Al borde del destino

El Astuto

El Morro de las Ilusiones

¿Dónde está Teresa?

Por las puertas del Corazón

Cuando la Vida escoge

Cuando llega la Hora

Cuando es necesario volver

Abriéndose para la Vida

Sin miedo de vivir
Solo el amor lo consigue
Todos Somos Inocentes
Todo tiene su precio
Todo valió la pena
Un amor de verdad
Venciendo el pasado

Otros éxitos de Andrés Luiz Ruiz y Lúcio

Trilogía El Amor Jamás te Olvida
La Fuerza de la Bondad
Bajo las Manos de la Misericordia
Despidiéndose de la Tierra
Al Final de la Última Hora
Esculpiendo su Destino
Hay Flores sobre las Piedras
Los Peñascos son de Arena

Otros éxitos de Gilvanize Balbino Pereira

Linternas del Tiempo
Los Ángeles de Jade
El Horizonte de las Alondras
Cetros Partidos
Lágrimas del Sol
Salmos de Redención

Libros de Eliana Machado Coelho y Schellida

Corazones sin Destino

El Brillo de la Verdad

El Derecho de Ser Feliz

El Retorno

En el Silencio de las Pasiones

Fuerza para Recomenzar

La Certeza de la Victoria

La Conquista de la Paz

Lecciones que la Vida Ofrece

Más Fuerte que Nunca

Sin Reglas para Amar

Un Diario en el Tiempo

Un Motivo para Vivir

¡Eliana Machado Coelho y Schellida, Romances que cautivan, enseñan, conmueven y
pueden cambiar tu vida!

Romances de Arandi Gomes Texeira y el Conde J.W. Rochester

El Condado de Lancaster

El Poder del Amor

El Proceso

La Pulsera de Cleopatra

La Reencarnación de una Reina

Ustedes son dioses

Libros de Marcelo Cezar y Marco Aurelio

El Amor es para los Fuertes

La Última Oportunidad

Nada es como Parece

Para Siempre Conmigo

Solo Dios lo Sabe

Tú haces el Mañana

Un Soplo de Ternura

Libros de Vera Kryzhanovskaia y JW Rochester

La Venganza del Judío

La Monja de los Casamientos

La Hija del Hechicero

La Flor del Pantano

La Ira Divina

La Leyenda del Castillo de Montignoso

La Muerte del Planeta

La Noche de San Bartolomé

La Venganza del Judío

Bienaventurados los pobres de espíritu

Cobra Capela

Dolores

Trilogía del Reino de las Sombras

De los Cielos a la Tierra

Episodios de la Vida de Tiberius

Hechizo Infernal

Herculanum

En la Frontera

Naema, la Bruja

En el Castillo de Escocia (Trilogía 2)

Nueva Era

El Elixir de la larga vida

El Faraón Mernephtah

Los Legisladores

Los Magos

El Terrible Fantasma
El Paraíso sin Adán
Romance de una Reina
Luminarias Checas
Narraciones Ocultas
La Monja de los Casamientos

Libros de Elisa Masselli
Siempre existe una razón
Nada queda sin respuesta
La vida está hecha de decisiones
La Misión de cada uno
Es necesario algo más
El Pasado no importa
El Destino en sus manos
Dios estaba con él
Cuando el pasado no pasa
Apenas comenzando

**Libros de Vera Lúcia Marinzeck de Carvalho
y Patricia**

Violetas en la Ventana

Viviendo en el Mundo de los Espíritus

La Casa del Escritor

El Vuelo de la Gaviota

**Vera Lúcia Marinzeck de Carvalho
y Antônio Carlos**

Amad a los Enemigos

Esclavo Bernardino

la Roca de los Amantes

Rosa, la tercera víctima fatal

Cautivos y Libertos

Libros de Mónica de Castro y Leonel

A Pesar de Todo

Con el Amor no se Juega

De Frente con la Verdad

De Todo mi Ser

Deseo

El Precio de Ser Diferente

Gemelas

Giselle, La Amante del Inquisidor

Greta

Hasta que la Vida los Separe

Impulsos del Corazón

Jurema de la Selva

La Actriz

La Fuerza del Destino

Recuerdos que el Viento Trae

Secretos del Alma

Sintiendo en la Propia Piel

Otros Libros de Valter Turini y Monseñor Eusébio Sintra

Isabel de Aragón, La reina médium

El Monasterio de San Jerónimo

El Pescador de Almas

La Sonrisa de Piedra

Los Caminos del Viento

Si no te amase tanto...

World Spiritist Institute

www.ingramcontent.com/pod-product-compliance
Lightning Source LLC
LaVergne TN
LVHW041923070526
838199LV00051BA/2709